BPMN – Business Process Modeling Notation

Thomas Allweyer

BPMN
Business Process Modeling Notation

Einführung in den Standard für die Geschäftsprozessmodellierung

Prof. Dr. Thomas Allweyer

Fachhochschule Kaiserslautern
thomas@allweyer.de

Bibliographische Information der Deutschen Nationalbibliothek:
Die Deutsche Nationalbibliothek verzeichnet diese Publikation in der Deutschen Nationalbibliographie. Detaillierte bibliographische Daten sind im Internet über http://dnb.d-nb.de abrufbar.

Herstellung und Verlag: Books on Demand GmbH, Norderstedt

ISBN: 978-3-8370-7004-0

Inhalt

1 BPMN – Ein Standard für die Geschäftsprozessmodellierung

1.1 Wozu eine Notation?

Wer Geschäftsprozesse managen will, muss sie beschreiben und dokumentieren. Hierzu gibt es verschiedene Möglichkeiten. Im einfachsten Fall werden textuelle oder tabellarische Beschreibungen verwendet. Häufig werden Präsentations- oder Grafikprogramme genutzt, um einfache Ablaufdiagramme zu erstellen. Sie bestehen meist aus Kästchen und Pfeilen, wobei keiner bestimmten Methodik gefolgt wird.

Zur genauen Darstellung komplexerer Prozesse mit allen relevanten Aspekten, wie Verzweigungsregeln, Ereignissen, ausführenden Organisationseinheiten, Datenflüssen usw., genügt dies nicht. Hierfür werden geeignete Notationen benötigt. Eine Notation für die grafische Geschäftsprozessmodellierung legt unter anderem fest, mit welchen Symbolen die verschiedenen Elemente von Prozessen dargestellt werden, was sie genau bedeuten und wie sie miteinander kombiniert werden können.

Eine solche Notation ist also eine einheitliche Sprache zur Beschreibung von Geschäftsprozessen. Jeder, der diese Sprache beherrscht, ist in der Lage, die von anderen erstellten Modelle zu verstehen. Eine einheitliche Darstellungsweise ermöglicht es auch, Prozesse systematisch zu analysieren oder ihr dynamisches Verhalten zu simulieren.

Auch das zunehmend relevante Thema „Governance, Risk and Compliance" (GRC) erfordert den Aufbau und die einheitliche und vollständige Dokumentation geeigneter Prozesse, mit denen sichergestellt wird, dass alle gesetzlichen und branchenspezifische Anforderungen bzgl. Risikomanagement, Einhalten von Sicherheitsvorschriften, Qualitätsmanagement usw. erfüllt werden.

Schließlich dienen Modelle auch als Grundlage für die Entwicklung von Informationssystemen zur Abwicklung und Unterstützung der Geschäftsprozesse. Auch hierfür muss sichergestellt werden, dass die Modelle einheitlich aufgebaut sind und alle für die Systementwicklung relevanten Informationen beinhalten.

Zunehmend wird die Steuerung systemgestützter Prozesse auch von Business Process Management-Systemen (BPMS) übernommen. Diese enthalten eine Process Engine, die die Abläufe direkt anhand geeigneter Prozessmodelle oder formaler Prozessbeschreibungen steuern. Hierfür müssen die Modelle ganz besonders strikten Anforderungen genügen, da sie ja nicht von Menschen in ein Computerprogramm umgesetzt, sondern direkt von einer Maschine abgearbeitet werden.

Im Laufe der Zeit entstanden verschiedene Notationen zur Prozessmodellierung. Häufig handelte es sich um proprietäre Notationen spezieller Modellierungstools oder Workflow Management-Systeme. Im Bereich der durch BPMS ausführbaren Prozessbeschreibungen gibt es mittlerweile Standards, wie z. B. XPDL (XML Process Definition Language)

[Workflow Management Coalition 2008] und BPEL (Business Process Execution Language) [OASIS 2007], wobei sich BPEL als führender Standard etabliert hat. XPDL und BPEL sind jedoch keine grafischen Notationen, und der Anwendungsbereich beschränkt sich auf die Definition automatisch ausführbarer Prozesse. Ausführliche Darstellungen der verschiedenen Standards im Umfeld ausführbarer Geschäftsprozesse finden sich u. a. in [Havey 2005] sowie [Weske 2007].

Im Bereich der fachlich orientierten Geschäftsprozessmodellierung wird häufig die Notation der Ereignisgesteuerten Prozesskette (EPK) eingesetzt. Deren Verbreitung erfolgte insbesondere durch das Modellierungswerkzeug ARIS von IDS Scheer und im Umfeld der SAP-Einführung. Allerdings handelt es sich bei der EPK nicht um einen Standard, die Unterstützung durch Modellierungstools anderer Hersteller ist eher gering. Einen Einstieg in die fachliche Prozessmodellierung, insbesondere mit EPKs, bieten z. B. [Allweyer 2005], [Lehmann 2007], [Seidlmeier 2006].

Andere Standards, wie z. B. die Aktivitätsdiagramme der Unified Modeling Language (UML), konnten sich in der Praxis nicht für die Geschäftsprozessmodellierung durchsetzen. Ihr Einsatz blieb weitgehend auf den Bereich des objektorientierten Software-Entwurfs beschränkt, wo die UML der akzeptierte Standard ist.

Mit der Business Process Modeling Notation (BPMN) scheint sich nun erstmals ein Standard für die Prozessmodellierung auf breiterer Basis durchzusetzen. Die Webseite www.bpmn.org enthält eine Liste mit über 50 Tools, die die BPMN-Modellierung unterstützen. Eine Übersicht einiger BPMN-Tools findet sich in [Bartels et al. 2007]. Eine wachsende Zahl von Webseiten, Weblogs und Veröffentlichungen zeigt das wachsende Interesse an dieser Notation (z. B. [Briol 2008], [Debevoise und Geneva 2008], [White und Miers 2008]). Eine Auswahl interessanter Internet-Quellen ist im Anhang dieses Buches aufgeführt.

Auch Anwender im deutschsprachigen Raum beschäftigen sich zunehmend mit der neuen Notation. Eine Reihe großer Unternehmen bildet ihre im Prozessmanagement tätigen Mitarbeiter in BPMN-Modellierung aus und rollt BPMN als unternehmensweiten Modellierungsstandard aus. So wird etwa in den Schweizer eGovernment-Standards die Verwendung von BPMN als einheitliche Notation empfohlen [Lienhard et al. 2008].

1.2 Entwicklung der BPMN

Entwickelt wurde die BPMN von der Business Process Management Initiative (BPMI), einem Konsortium, das hauptsächlich aus Vertretern von Software-Unternehmen bestand. Der Zweck bestand zunächst darin, eine grafische Notation zur Darstellung von Prozessbeschreibungen der Business Process Modeling Language (BPML) bereitzustellen. BPML diente zur Spezifikation von Prozessbeschreibungen, die durch ein BPMS ausgeführt werden können, vergleichbar BPEL. Die Entwicklung der BPML wird nicht mehr fortgeführt, sie wurde zugunsten von BPEL aufgegeben.

Die erste Version der BPMN-Spezifikation wurde unter Federführung von Stephen A. White von IBM erstellt und im Jahr 2004 veröffentlicht. Zwischenzeitlich ist die BPMI in der Object Management Group (OMG) aufgegangen. Diese Organisation ist durch Standards im Softwarebereich bekannt geworden, wie die bereits erwähnte UML (Unified Modeling Language).

Im Jahr 2006 wurde die BPMN in der Version 1.0 offiziell als OMG-Standard angenommen. 2008 folgte die Version 1.1, die im vorliegenden Buch vorgestellt wird [Object Management Group 2008a]. Sie enthält gegenüber der Version 1.0 einige Änderungen der Darstellung. Dies gilt es zu berücksichtigen, da eine Reihe von Modellierungstools noch die Version 1.0 enthalten. Eine Übersicht über die Änderungen von Version 1.0 zu 1.1 findet sich in [Decker/Schreiter 2008].

Zum Zeitpunkt der Fertigstellung dieses Buchs liegt eine vorläufige Fassung der Version 1.2 vor [Object Management Group 2008b], die allerdings nur einige redaktionelle Korrekturen und Klarstellungen in der Spezifikation enthält und für den BPMN-Anwender daher keine besondere Bedeutung hat.

Tatsächliche Neuerungen wird die Version 2.0 bringen, die bereits im Entstehen ist (vgl. [Frankel 2008], [Object Management Group 2007], [Stein 2008]). Es sind einige Erweiterungen für die Modellierung geplant, u. a. für die verbesserte Modellierung unternehmensübergreifender Prozesse, zum anderen sollen verschiedene Sichten auf einen Prozess dargestellt werden können.

Weiterhin soll ein einheitliches Austauschformat definiert werden, so dass sich künftig Modelle zwischen den Tools unterschiedlicher Hersteller austauschen lassen. Von einigen Firmen wird hierfür die Verwendung der bereits angesprochenen XPDL vorgeschlagen, mit der sich alle Inhalte eines BPMN-Modells beschreiben und abspeichern lassen [Shapiro 2008].

In diesem Zusammenhang ist auch die Entwicklung eines Metamodells für die BPMN geplant, in dem die genaue Bedeutung und die Zusammenhänge der einzelnen Elemente, die bisher nur textuell beschrieben sind, exakt modelliert werden. Die OMG verfügt bereits über ein Metamodell für die Prozessmodellierung, das Business Process Definition MetaModel (BPDM) [Object Management Group 2008c], das jedoch noch mit der BPMN zusammengeführt werden muss. Dies dürfte jedoch vor allem für Toolhersteller interessant sein, weniger für den normalen Modellierer.

Zum Zeitpunkt der Fertigstellung dieses Buches liegen zwei erste, konkurrierende Entwürfe für die BPMN 2.0 vor. Sie befinden sich jedoch noch in einem sehr frühen Stadium, und die Zusammenführung der verschiedenen Ansätze innerhalb der OMG dürfte recht langwierig sein, so dass sich die Fertigstellung der neuen Version noch längere Zeit hinziehen dürfte. Aktuelle Informationen hierzu werden auf der Website zum Buch *www.bpmn-buch.de* und im Weblog *www.kurze-prozesse.de* veröffentlicht.

1.3 Fachliche und ausführbare Modelle

Die BPMN wurde ursprünglich als grafische Notation für Prozessbeschreibungen entwickelt, die direkt von der Process Engine eines Workflow- oder Business Process Management-Systems (BPMS) ausgeführt werden können. Die Entwickler der BPMN haben aber den Anspruch, dass mit dieser Notation sowohl technische als auch fachlich ausgerichtete Modelle erstellt werden können. BPMN soll eine gemeinsame Sprache von betriebswirtschaftlich ausgerichteten Fachexperten und IT-Experten darstellen.

Dass die BPMN in der Praxis tatsächlich sowohl für die fachliche als auch für die ausführungsnahe Modellierung verwendet wird, wird durch eine Umfrage der Queensland University unter knapp 600 BPMN-Anwendern bestätigt: Etwa die Hälfte gab an, vorwiegend fachliche Modelle zu erstellen, die andere Hälfte beschäftigte sich eher mit technisch ausgerichteten Modellen [Recker 2008, S. 2].

Trotz Verwendung einer gemeinsamen Notation unterscheiden sich fachliche und technische Modelle in der Praxis sehr deutlich voneinander. Bei fachlichen Modellen steht das Verständnis des grundlegenden Prozessablaufs im Vordergrund. Deshalb wird darauf verzichtet, zu viele Details darzustellen. So werden etwa Bedingungen an Verzweigungen eher im Klartext als in Form exakter logischer Ausdrücke formuliert. Ausnahmen und selten auftretende Fälle werden oft nicht ausmodelliert, sondern mit Hilfe von Anmerkungen und Beschreibungen erläutert. Ein Beispiel für die Überführung eines fachlichen Modells in einen ausführbaren Workflow findet sich in [Allweyer 2008].

Die Herkunft einiger BPMN-Konstrukte liegt ganz deutlich im Bereich ausführbarer Prozess-Spezifikationen. So finden sich in der BPMN u. a. spezielle Schleifen-Konstrukte, Ausnahmebehandlungen und Transaktionen. Programmierern und IT-Fachleuten sind diese Themen vertraut. In fachlichen Prozessmodellen findet man derartiges normalerweise nicht. Entsprechend wird in der fachlichen Modellierung zumeist nur ein Teil der gesamten Notation angewandt (vgl. [zur Muehlen und Recker 2008]).

Einige BPMN-Experten sind der Ansicht, dass manche dieser eher dem technischen Bereich entstammenden Konstrukte auch für die fachliche Modellierung angewandt werden sollten, um z. B. aus fachlicher Sicht relevante Ausnahmen und ihre Behandlung im Prozess darstellen zu können: „Die bekannte 80-20-Regel besagt, dass 80% der Kosten, Verzögerungen und Fehler von 20% aller Fälle stammen – den Ausnahmen. Daher sollte es Aufgabe des Business sein – in einer nicht-technischen Art und Weise – zu spezifizieren, wie jede Art von Ausnahme behandelt werden soll: Ein Kunde storniert oder ändert eine Bestellung, eine Ware ist vergriffen, oder ein Zeitlimit ist überschritten.“ [Silver 2007].

Wer die BPMN zur fachlichen Prozessmodellierung einsetzen möchte, sollte sich daher im Vorfeld entscheiden, welche Konstrukte verwendet, und wie bestimmte Sachverhalte damit dargestellt werden sollen. Es ist sinnvoll, derartige Entscheidungen in Form von Modellierungskonventionen festzuschreiben. Sollen die auf fachlicher Ebene modellierten Prozesse anschließend durch eine Process Engine automatisiert werden, so ist weiterhin festzulegen, wie die fachlichen Modelle in ausführungsnahe Modelle überführt werden, d. h. wie notwendige Ergänzungen, Umstrukturierungen und Detaillierungen durchgeführt werden.

Leider stellt sich auch die Modellierung ausführbarer Prozesse mit Hilfe der BPMN als nicht völlig problemlos dar. Viele Process Engines verwenden die bereits erwähnte

BPEL zur Beschreibung ihrer Prozesse. In diesem Fall müssen die grafischen BPMN-Modelle in das BPEL-Format umgewandelt werden. Da sich die interne Struktur von BPEL deutlich vom Aufbau der BPMN unterscheidet, ist dies nicht ganz einfach. Die BPMN-Spezifikation selbst enthält im Anhang einen Vorschlag zur Abbildung von BPMN-Modellen auf BPEL, und auch eine Reihe weiterer Arbeiten beschäftigen sich mit dieser Thematik, z. B. [White 2005], [Ouyang et al. 2006].

Eine leistungsfähige Process Engine sollte typische Sachverhalte, wie sie in Prozessen vorkommen, unterstützen können. Dazu gehören z. B. Verzweigungen und parallele Abläufe, aber auch komplexere Fälle, wie z. B. die Zusammenführung mehrerer bisher unabhängiger Prozessinstanzen zu einer neuen Instanz. Einen Katalog solcher typischen Muster bilden die sogenannten „Workflow Patterns" [Russell et al. 2006]. Die Modellierung der verschiedenen Workflow Patterns mit Hilfe von BPMN wird z. B. in [Briol 2008], [Großkopf 2007] und [Wohed et al. 2006] diskutiert.

Eine Schwierigkeit bei der Umsetzung eines BPMN-Modells in eine ausführbare Prozessbeschreibung stellt die Tatsache dar, dass die BPMN in der Version 1.1 trotz eines umfangreichen Spezifikationsdokuments noch nicht ausreicht, um einen ausführbaren Workflow wirklich vollständig und eindeutig zu beschreiben. BPMS-Hersteller, die die BPMN zur Modellierung ausführbarer Prozesse verwenden, sind daher gezwungen, an manchen Stellen eine eigene Interpretation mancher BPMN-Konstrukte zu verwenden. Außerdem müssen sie zusätzliche, nicht durch die BPMN standardisierte Informationen verwenden. Dies widerspricht dem Gedanken eines Standards. Daher erwartet man sich von der kommenden BPMN-Version 2.0 genauere und eindeutigere Festlegungen, wie in BPMN modellierte Sachverhalte bei der Ausführung in einer Process Engine umzusetzen sind.

Außerdem gibt es Vorschläge, die BPMN zu erweitern, um ausführbare Prozessbeschreibungen komplett in BPMN erstellen zu können [Großkopf 2007], [Schreiter 2008]. Die Hersteller von Process Engines könnten ihre Produkte dann so erweitern, dass BPMN-Modelle direkt ausgeführt werden, ohne den Umweg über BPEL.

1.4 Über dieses Buch

Das vorliegende Buch bietet eine Einführung in die Business Process Modeling Notation, Version 1.1. Ausgehend von einem kleinen Beispielprozess werden zunächst die elementaren BPMN-Elemente zur einfachen Ablaufmodellierung erläutert. Nach und nach werden dann die verschiedenen Konzepte der BPMN eingeführt und anhand von Beispielen erklärt. Hierbei werden allgemein verständliche, fachliche Beispiele verwendet, so dass für das Verständnis kein IT-Know-how erforderlich ist. Lediglich bei der Erläuterung einiger in der BPMN enthaltener technischer Details wird auf die Ausführung eines Prozesses durch eine Process Engine Bezug genommen.

Es wird der gesamte Sprachumfang der BPMN vorgestellt. Auch wenn wie oben beschrieben nicht für jeden Anwendungsfall alle BPMN-Elemente erforderlich sind, sollten Modellierungsexperten doch die gesamte BPMN kennen, um gezielt auswählen zu können, was davon für den eigenen Gebrauch sinnvoll ist.

Bei der Vorstellung der verschiedenen BPMN-Konzepte wurde auf eine größtmögliche Übereinstimmung mit der offiziellen BPMN-Spezifikation geachtet. An der einen oder anderen Stelle war es dabei nötig, die Beschreibungen in der Spezifikation geeignet auszulegen. Von daher handelt es sich bei den Darstellungen in diesem Buch immer auch um die Deutungen des Autors, der für Hinweise auf Fehler und Verbesserungsvorschläge dankbar ist.

Das Buch stellt eine Einführung in den BPMN-Standard dar. Daher wird nicht erläutert, wie man die BPMN am besten anwendet, welche Modellierungskonventionen geeignet sind, wie man bestimmte Tools einsetzt, usw. Das alles ist nicht Bestandteil des Standards, und es gibt ganz unterschiedliche Anwendungsmöglichkeiten, Vorgehensweisen und Best Practices für eine „gute Modellierung". Diese Themen bleiben anderen Veröffentlichungen vorbehalten.

Der Text der BPMN-Spezifikation ist nur auf Englisch verfügbar. Die deutsche Übersetzung BPMN-spezifischer Begriffe basiert auf der vorläufigen Fassung einer einheitlichen Übersetzungstabelle, die von mehreren Verfassern deutschsprachiger BPMN-Veröffentlichungen sowie von Toolherstellern verwendet wird.

Die Website zum Buch ist unter *www.bpmn-buch.de* erreichbar. Dort finden sich aktuelle Ergänzungen, Informationen über die Weiterentwicklung der BPMN, die oben erwähnte Übersetzungstabelle sowie weitere Links und Hinweise zur BPMN.

2 BPMN am Beispiel

2.1 Ein erstes BPMN-Modell

Zur Einführung wird ein einfaches BPMN-Modell betrachtet. Ein Prozessmodell wird in der BPMN auch als „Business Process Diagram“ (BPD) bezeichnet.

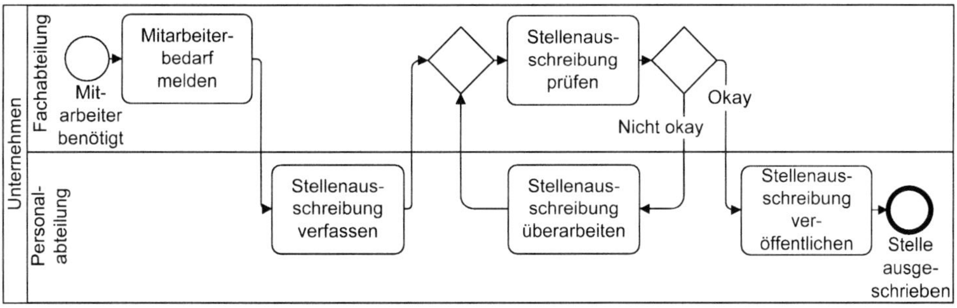

Abbildung 1: Ein einfaches BPMN-Modell

Das in Abbildung 1 dargestellte Modell einer Stellenausschreibung ist für die meisten Menschen unmittelbar verständlich, die sich bereits mit irgendeiner Art der Ablaufmodellierung beschäftigt haben. Die Darstellung ähnelt bekannten Flussdiagrammen und Programmablaufplänen.

Es ist ein Unternehmen mit einer Fachabteilung und der Personalabteilung dargestellt. Der Prozess „Stelle ausschreiben“ beginnt, wenn ein Mitarbeiter benötigt wird. Die Fachabteilung meldet diesen aufgetretenen Mitarbeiterbedarf. Daraufhin verfasst die Personalabteilung eine Stellenausschreibung. Die Fachabteilung prüft diese Stellenausschreibung.

Hierbei gibt es zwei Möglichkeiten: Entweder die Stellenausschreibung ist okay, oder sie ist nicht okay. Ist sie nicht okay, wird sie von der Personalabteilung überarbeitet. Hierauf folgt erneut die Prüfung durch die Fachabteilung, wobei das Ergebnis wiederum okay oder nicht okay sein kann. Es kann also vorkommen, dass die Stellenausschreibung mehrfach überarbeitet werden muss. Ist die Stellenausschreibung okay, so wird sie von der Personalabteilung veröffentlicht. Damit ist die Stelle ausgeschrieben, womit das Ende des Prozesses erreicht ist.

In der Praxis kann der Ablauf zur Erstellung und Veröffentlichung einer Stellenanzeige wesentlich komplexer und umfangreicher sein. Das dargestellte Modell stellt – wie alle Beispiele in diesem Buch – eine starke Vereinfachung dar, um übersichtliche Modelle zu erhalten, an denen sich die verschiedenen Elemente der BPMN gut erläutern lassen.

2.2 Verwendete Konstrukte der BPMN

Im Folgenden werden die einzelnen Elemente des Modells aus Abbildung 1 näher betrachtet.

Der gesamte Ablauf befindet sich in einem sogenannten „Pool“. Hierbei handelt es sich ganz allgemein um eine Art „Behälter“ für einen kompletten, abgeschlossenen Prozess. Im Beispiel stellt das betrachtete Unternehmen einen solchen Pool dar, weshalb der Pool den links angegebenen Namen „Unternehmen“ trägt.

Ein BPMN-Prozess befindet sich prinzipiell innerhalb eines Pools. Ist dieser jedoch für das Verständnis des Prozesses nicht von Bedeutung, kann man darauf verzichten, ihn in der Grafik darzustellen. Ist in einem BPMN-Modell also kein Pool eingezeichnet, befindet sich der gesamte Prozess in einem unsichtbaren, „impliziten“ Pool.

Bei einem Pool muss es sich nicht zwangsläufig um ein Unternehmen handeln. Genauso gut könnte ein Pool eine einzelne Organisationseinheit, eine Person, ein Computerprogramm oder ein technisches System darstellen.

Interessant werden Pools vor allem dann, wenn mehrere Pools verwendet werden, um eine „Choreographie“ zu modellieren, also das Zusammenspiel von Prozessen mehrerer Partner. Dies wird in Kapitel 5 beschrieben.

Im vorliegenden Fall wird der Pool vor allem deswegen benötigt, weil man ihn in Bahnen unterteilen kann. Eine Bahn (engl. „Lane“) kann beispielsweise verwendet werden, um innerhalb eines Unternehmens die Zuordnung zu einzelnen Organisationseinheiten vorzunehmen, oder innerhalb eines technischen Systems die Aufgaben einzelner Komponenten darzustellen.

Im betrachteten Beispiel wird mit Hilfe der Bahnen dargestellt, welche Aktivitäten des Prozesses von der Fachabteilung und welche von der Personalabteilung durchgeführt werden.

Pools und Bahnen werden auch „Swimlanes“ („Schwimm-Bahnen“) genannt. Dies erinnert an die Unterteilung von Schwimmbecken in einzelne Bahnen, wobei sich jeder Wettkampf-Teilnehmer nur innerhalb seiner Bahn bewegt.

Der Ablauf selbst beginnt mit dem Start-Ereignis (engl. „Start Event“) „Mitarbeiter benötigt“. BPMN-Prozesse beginnen im Normalfall mit einem solchen Start-Ereignis. Dies wird durch einen einfachen Kreis dargestellt. Meist ist es auch sinnvoll, genau ein Start-Ereignis zu verwenden, und nicht mehrere.

Ein Rechteck mit abgerundeten Ecken stellt eine Aktivität (engl. „Activity“) dar. In einer Aktivität wird etwas getan. Dies kommt in den Bezeichnungen zum Ausdruck, z. B. „Mitarbeiterbedarf melden“ oder „Stellenausschreibung prüfen“.

Die Verbindungspfeile oder Kanten werden zur Modellierung des Sequenzflusses (engl. „Sequence Flow“) verwendet. Sie stellen dar, in welcher Reihenfolge oder Sequenz die verschiedenen Ereignisse, Aktivitäten und weiteren Elemente durchlaufen werden. Häufig wird dies als Kontrollfluss bezeichnet, doch gibt es in der BPMN auch noch Nachrichtenflüsse, die z. T. ebenfalls den Ablauf beeinflussen und somit ebenfalls zum Kontrollfluss gezählt werden können. Daher wurde der neue Begriff „Sequenzfluss" geschaffen. Zur Unterscheidung von anderen Flüssen und Kanten ist es auch wichtig, Sequenzflüsse mit durchgehenden Pfeilen und ausgefüllten Pfeilspitzen zu zeichnen.

In dem Prozess „Stelle ausschreiben" gibt es eine Verzweigung: Auf die Aktivität „Stellenausschreibung prüfen" folgt ein „Gateway". Eine leere Raute bezeichnet dabei einen exklusiven Gateway (engl. „Exclusive Gateway"). Dies bedeutet, dass von mehreren ausgehenden Sequenzflüssen immer genau einer gewählt werden muss. Jedesmal, wenn im Rahmen der Stellenausschreibung der in der Abbildung rechts dargestellte Gateway erreicht wird, muss also entschieden werden, ob dem Sequenzfluss nach rechts zur Aktivität „Stellenausschreibung veröffentlichen" oder dem nach links zur Aktivität „Stellenausschreibung überarbeiten" gefolgt wird. Beides gleichzeitig ist nicht möglich.

Die Logik einer solchen Entscheidung wird auch als „exklusives Oder" bezeichnet, abgekürzt „XOR". Welchem der ausgehenden Pfade gefolgt wird, wird mit Hilfe von Bedingungen (engl. „Condition") an den ausgehenden Sequenzflüssen bestimmt. Wenn man ein Modellierungstool verwendet und der Prozess von einer Software simuliert oder ausgeführt werden soll, dann können Bedingungen zumeist ganz exakt mit Hilfe einer formalen Beschreibung oder einer Programmiersprache in spezielle Attribute der Sequenzflüsse geschrieben werden. Dient das Modell hingegen nur dazu, den Prozess anderen Menschen verständlich zu machen, empfiehlt es sich, die Bedingungen im Klartext an die Sequenzflüsse zu schreiben. „Okay" und „Nicht okay" im Anschluss an die Aktivität „Stellenausschreibung prüfen" ist für Menschen unmittelbar verständlich – eine Software könnte damit wenig anfangen.

Auch zur Zusammenführung alternativer Pfade werden Gateways verwendet. Im Beispielprozess führt der links von der Funktion „Stellenausschreibung prüfen" gezeigte Gateway die beiden eingehenden Sequenzflüsse zusammen. Es handelt sich wiederum um einen exklusiven Gateway. Dieser erwartet, dass im Prozess vorher entweder die Aktivität „Stellenausschreibung verfassen" oder „Stellenausschreibung überarbeiten" durchgeführt wird – nicht jedoch beide zugleich. Es sollte darauf geachtet werden, dass man einen Gateway immer nur entweder als Verzweigung oder als Zusammenführung verwendet, nicht jedoch als Kombination aus beiden.

Das letzte Element des betrachteten Prozesses ist das End-Ereignis (engl. „End Event"). Es wird wie das Start-Ereignis als Kreis dargestellt – allerdings mit einem dicken Rand.

2.3 Logik des Sequenzflusses

Die Ablauf-Logik des obigen Stellenausschreibungs-Prozesses ist recht leicht verständlich. Bei komplizierteren Prozessmodellen tauchen aber gelegentlich Unklarheiten auf, wie eine bestimmte modellierte Struktur genau zu verstehen ist. Es ist daher hilfreich, wenn die Bedeutung der im Sequenzfluss verwendeten Elemente möglichst eindeutig definiert ist.

Die Logik des Sequenzflusses in einem BPMN-Modell lässt sich mit Hilfe von „Marken" (engl. „Token") erklären. Wie bei einem Gesellschaftsspiel Spielmarken entsprechend den Spielregeln über den Spielplan geschoben werden, kann man gedanklich Marken nach den Regeln der BPMN durch ein Prozessmodell schieben.

Jedesmal wenn der Prozess gestartet wird, erzeugt das Start-Ereignis eine Marke (vgl. Abbildung 2). Da der Stellenausschreibungs-Prozess öfter durchgeführt wird, können im Laufe der Zeit ganz viele Marken erzeugt werden. Dabei kann es vorkommen, dass der Prozess für die eine Stellenausschreibung noch gar nicht beendet ist, wenn der Prozess für die Ausschreibung einer anderen Stelle startet. Jede Marke durchläuft den Prozess völlig unabhängig von den anderen Marken.

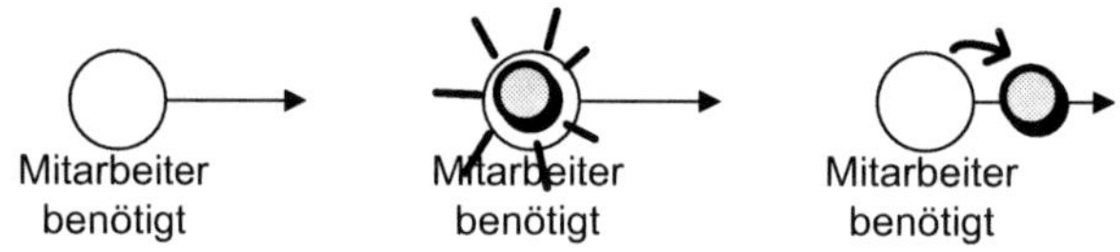

Abbildung 2: Ein Start-Ereignis erzeugt eine Marke

Die vom Start-Ereignis erzeugte Marke wandert über den Sequenzfluss zur ersten Aktivität. Diese nimmt die über den eingehenden Sequenzfluss ankommende Marke entgegen, führt ihre Aufgabe aus (in diesem Fall „Mitarbeiterbedarf melden") und gibt anschließend über den ausgehenden Sequenzfluss wieder eine Marke aus (vgl. Abbildung 3).

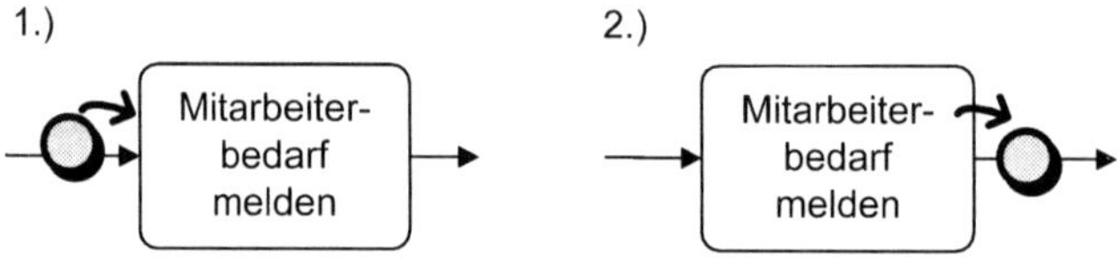

Abbildung 3: Eine Aktivität nimmt eine Marke entgegen und gibt anschließend wieder eine Marke aus

Auch die folgende Aktivität gibt eine Marke weiter. Sie gelangt dann zum zusammenführenden exklusiven Gateway. Die Aufgabe dieses Gateways ist einfach: Er nimmt lediglich eine Marke entgegen, die über einen beliebigen eingehenden Sequenzfluss ankommt, und gibt diese Marke über den ausgehenden Sequenzfluss weiter. Dies ist in Abbildung 4 dargestellt. Im Fall A kommt eine Marke von links an, im Fall B von unten. In beiden Fällen wird diese Marke über den rechten Sequenzfluss wieder ausgegeben.

Interessanter ist die Aufgabe des verzweigenden exklusiven Gateways. Er nimmt eine ankommende Marke entgegen und entscheidet nun aufgrund der Bedingungen, über welchen der ausgehenden Sequenzflüsse er eine Marke ausgibt. Abbildung 5 zeigt oben den Fall, dass die Bedingung „Okay" zutrifft, d. h. dass die vorangehende Prüfung ein positives Ergebnis erbracht hat. In diesem Fall wird die Marke über den rechten Sequenzfluss ausgegeben. Ansonsten, wenn die Bedingung „Nicht okay" zutrifft, wird die Marke entsprechend über den unteren Sequenzfluss ausgegeben.

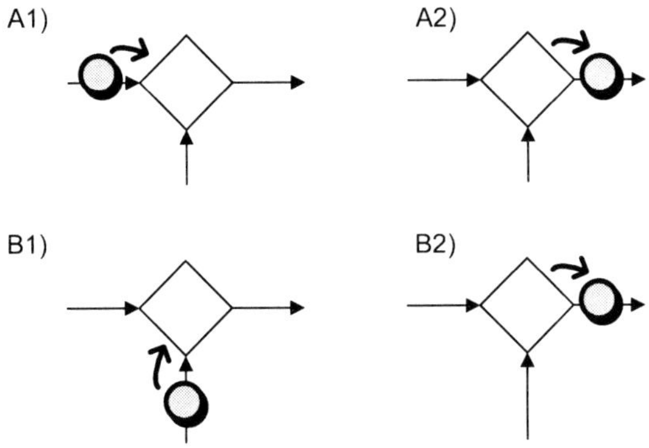

Abbildung 4: Weitergabe einer Marke durch einen zusammenführenden exklusiven Gateway

Der Modellierer muss die Bedingungen so aufstellen, dass immer nur genau eine der beiden Bedingungen zutrifft. Wie Bedingungen formuliert werden und wie überprüft wird, welche Bedingung zutrifft, wird in der BPMN-Spezifikation nicht geregelt. Da der betrachtete Prozess nicht von einer Software ausgeführt werden soll, genügen die hier gewählten, recht einfachen Angaben. Ansonsten müsste man die Bedingungen nach den Erfordernissen und Regeln der verwendeten Software formulieren.

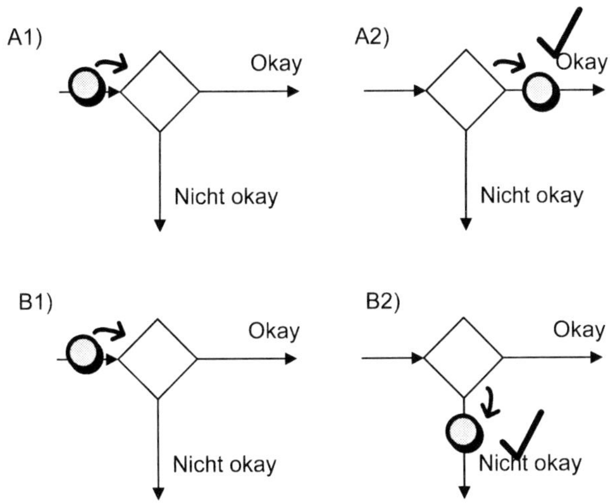

Abbildung 5: Weitergabe einer Marke durch einen verzweigenden exklusiven Gateway

Schließlich gelangt die Marke – ggf. nach mehrfachem Durchlaufen der Schleife zur Überarbeitung der Stellenausschreibung – zum End-Ereignis. Dieses verschluckt einfach jede ankommende Marke und beendet damit die Durchführung des Prozesses (Abbildung 6).

Der Sequenzfluss jedes BPMN-Modells lässt sich auf diese Weise mit Hilfe des Markenflusses durchspielen. Hierdurch kann man beispielsweise überprüfen, ob die Ablauflogik eines bestimmten Prozesses korrekt modelliert wurde.

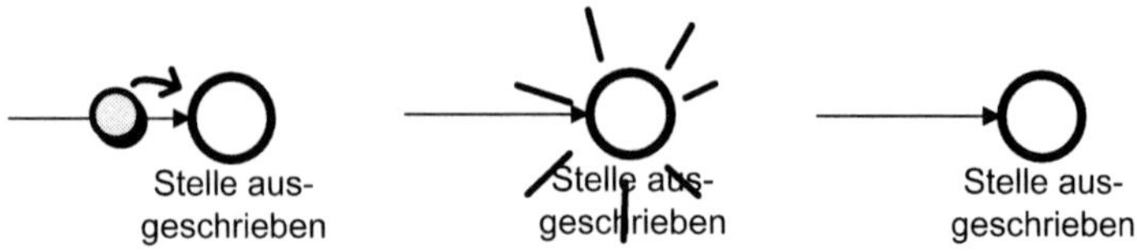

Abbildung 6: Ein Endereignis verschluckt eine ankommende Marke

Bei der Marke handelt es sich übrigens nicht um ein Datenobjekt, Dokument oder dergleichen. Bei dem Stellenausschreibungs-Prozess könnte man sich vorstellen, ein Dokument „Stellenausschreibung" durch den Prozess wandern zu lassen, das dann auch die ganzen Daten enthielte, wie z. B. ein Attribut für das Ergebnis der Aktivität „Stellenausschreibung prüfen". Die Entscheidung des verzweigenden Gateways könnte dann mit Hilfe dieses Attributwertes gefällt werden. Der BPMN-Sequenzfluss beschränkt sich aber auf die reine Ausführungsreihenfolge, die Marken selbst tragen somit keine Informationen – abgesehen von einem eindeutigen Identifizierer, um die Marken unterscheiden zu können. Für Datenobjekte gibt es eigene BPMN-Konstrukte (vgl. Abschnitt 10.2).

2.4 Darstellungsmöglichkeiten

Meist werden Pools horizontal dargestellt. Damit verlaufen die Sequenzflüsse vorrangig von links nach rechts. Es ist aber genauso möglich, vertikale Pools zu verwenden und die Sequenzflüsse von oben nach unten laufen zu lassen, wie im Beispiel der Abbildung 7.

Es ist sinnvoll, sich auf eine Variante – horizontal oder vertikal – festzulegen. Allerdings gibt es Modellierungstools, die von Vornherein nur die horizontale Modellierung unterstützen.

Abbildung 7 zeigt außerdem ein Beispiel für verschachtelte Bahnen (engl. „Nested Lanes"). Die Bahn „Vertrieb" ist selbst wieder in die zwei Bahnen „Außendienst" und „Auftragsabwicklung" unterteilt. Prinzipiell lassen sich Bahnen beliebig tief verschachteln, auch wenn dies sicherlich nur bis zu einer gewissen Ebene sinnvoll ist.

Wo und wie die Namen der Pools und Bahnen angegeben werden, ist übrigens nicht vorgeschrieben. Meist sieht man jedoch die in Abbildung 1 und Abbildung 7 gewählten Varianten, wo die Namen links neben bzw. bei vertikaler Darstellung über den Pools bzw. Bahnen dargestellt werden. In Abbildung 1 wurden die Namen direkt in die Bahnen geschrieben, in Abbildung 7 durch eine Linie von der eigentlichen Bahn getrennt. Beides ist möglich.

In der BPMN-Spezifikation sind – wie im vorliegenden Buch auch – alle Elemente schwarzweiß dargestellt. Die Modelle dürfen aber auch beliebig eingefärbt werden. Dies kann genutzt werden, um optisch ansprechendere Modelle zu erstellen. Außerdem lassen sich Farben gezielt einsetzen, um Elemente nach bestimmten Kriterien zu klassifizieren. So können etwa besonders wichtige Elemente optisch hervorgehoben werden. Kritische Elemente könnten z. B. rot eingefärbt werden.

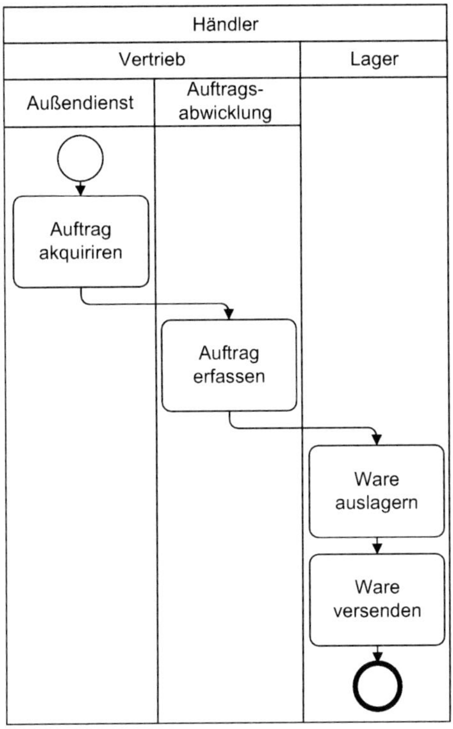

Abbildung 7: Vertikale Swimlanes und verschachtelte Bahnen

Auch andere grafische Erweiterungen sind möglich, beispielsweise können unterschiedliche Arten von Aktivitäten mit Hilfe einprägsamer Symbole gekennzeichnet werden. Erlaubt sind alle Veränderungen, die die Standardsymbole der BPMN in ihrem Wesen nicht verändern. So wäre es beispielsweise nicht zulässig, einen Kreis als Symbol für eine Aktivität zu verwenden, da diese dann nicht mehr als solche erkennbar wäre. Fügt man hingegen ein Symbol in ein abgerundetes Rechteck ein, so wird jeder BPMN-Kenner nach wie vor erkennen, dass es sich um eine Aktivität handelt.

2.5 Attribute

Die in BPMN-Modellen verwendeten Elemente sind nicht nur grafische Symbole. Sie lassen sich auch mit zusätzlichen Informationen versehen. Die BPMN-Spezifikation definiert für alle Typen von Elementen eine Reihe von Attributen. Diese sind zum großen Teil recht technisch und beziehen sich vor allem auf die Ausführung durch eine Process Engine. So ist beispielsweise ein Attribut vorgesehen, in dem die Bedingung für die Wahl eines Ausgangs bei einem verzweigenden Gateway gespeichert werden kann. Hier kann dann die exakte Formulierung der Bedingung in einer programmiernahen Sprache hinterlegt werden, so dass die ausführende Process Engine in der Lage ist, diese Bedingung auszuwerten (vgl. Abbildung 8).

In Abbildung 8 sind die Attributwerte für die aus dem Gateway ausgehenden Sequenzflüsse in Form von Anmerkungen („Annotations“) dargestellt. Eine Anmerkung wird in der BPMN hinter einer öffnenden eckigen Klammer eingetragen, die über eine gepunktete Linie mit dem betreffenden Element verbunden wird. Bei Verwendung eines Modellierungstools werden Attributwerte zumeist nicht in der Grafik angezeigt. Stattdessen kann man meist für jedes Element einen Dialog öffnen, in dem die Attributwerte angezeigt und bearbeitet werden können.

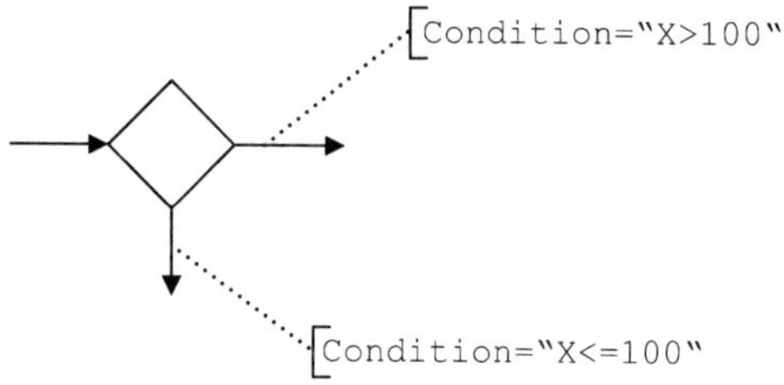

Abbildung 8: BPMN-Elemente können mit Attributen versehen werden

In Anhang C sind die von der BPMN-Spezifikation vorgegebenen Attribute erläutert, soweit sie für Modellierer von Bedeutung sind.

Wer aus anderen Modellierungsnotationen Attribute kennt, die für fachliche Informationen gedacht sind, wird in der Spezifikation jedoch nicht fündig. Attribute für Zeiten, Kostensätze, Kapazitäten usw. sind nicht vorgesehen. Es ist aber erlaubt, für BPMN-Elemente eigene Eigenschaften (engl. „Properties“) zu definieren. Mit diesen lassen sich die gewünschten Informationen erfassen. Allerdings sind die selbst definierten Eigenschaften nicht standardisiert, was die Vergleichbarkeit von Modellen erschwert.

Die in der BPMN-Spezifikation definierten Attribute werden auch von einigen Modellierungstools und Business Process Management-Systemen (BPMS) nicht in der festgelegten Form verwendet und zu einem großen Teil durch eigene Attribute ersetzt, die den speziellen Erfordernissen der jeweiligen Software Rechnung tragen.

3 Gateways: Verzweigungen und Zusammenführungen

Gateways werden für die Verzweigung und Zusammenführung von Sequenzflüssen verwendet. Neben dem bereits in Kapitel 2 verwendeten exklusiven Gateway gibt es noch weitere Typen von Gateways: Den parallelen Gateway, mit dem mehrere parallel ausgeführte Pfade modelliert werden können, den inklusiven Gateway, der ein oder mehrere Pfade auswählt, und den komplexen Gateway, der bei komplizierteren Regeln für Verzweigungen oder Zusammenführungen genutzt wird.

3.1 Exklusiver Gateway

Der exklusive Gateway dient zur Modellierung alternativer Pfade. Er wird als Verzweigung (engl. „Split") oder Zusammenführung (engl. „Merge") verwendet. Wie Abbildung 9 zeigt, gibt es zwei Symbole für den exklusiven Gateway: Eine leere Raute oder eine mit einem großen „X" versehene Raute. Hier sollte man sich sinnvollerweise für eine Variante entscheiden. In diesem Buch wird die leere Raute verwendet.

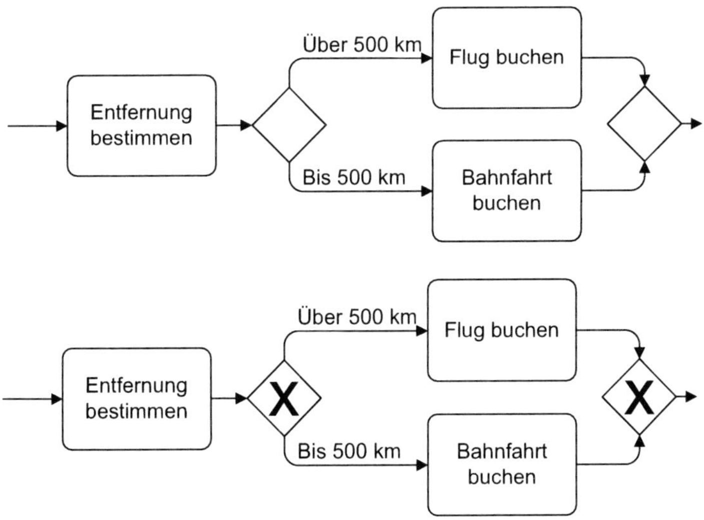

Abbildung 9: Für den exklusiven Gateway gibt es zwei verschiedene Symbole

Es ist zwar nicht verboten, in einen Gateway sowohl mehrere Sequenzflüsse eingehen als auch mehrere Sequenzflüsse daraus ausgehen zu lassen. Doch führt eine solche Kombination von Verzweigungen und Zusammenführungen leicht zu Missverständnissen. Dies kann daher nicht empfohlen werden. Besser ist es, Zusammenführung und Verzweigung zu trennen (vgl. Abbildung 10). Dies gilt auch für die im weiteren vorgestellten anderen Typen von Gateways, nicht nur den exklusiven Gateway.

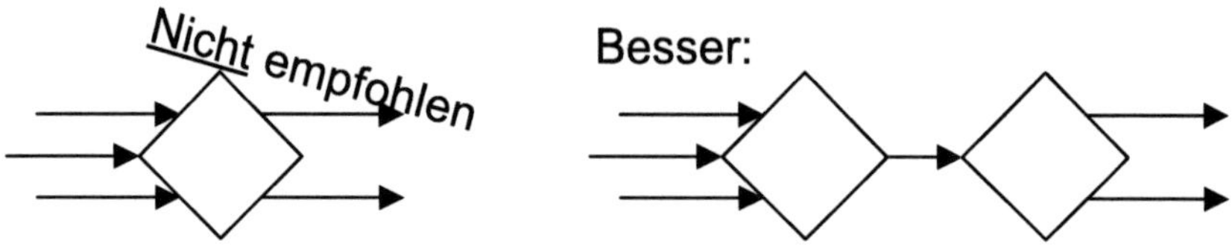

Abbildung 10: Ein Gateway sollte nicht gleichzeitig Zusammenführung und Verzweigung sein

Weiterhin ist zu beachten, dass ein Gateway nur Logik darstellt, d. h. es wird keine Tätigkeit durchgeführt, und es vergeht auch keine Zeit beim Durchlaufen eines Gateways. Auch dies gilt für alle Gateways. Soll eine Aktivität modelliert werden, die eine Entscheidung trifft, so wird dies als Aktivität mit folgendem exklusivem Gateway abgebildet (vgl. Abbildung 11). Eine andere Möglichkeit, diesen Sachverhalt zu modellieren, wird in Abschnitt 4.1 vorgestellt.

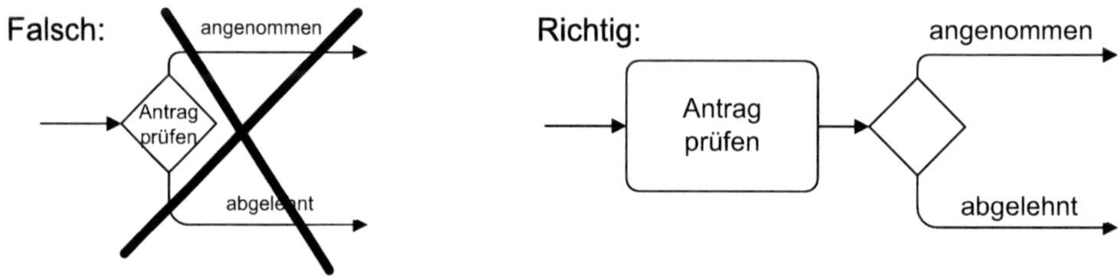

Abbildung 11: Ein Gateway stellt nur Logik dar, keine Aktivität

Ein verzweigender exklusiver Gateway kann beliebig viele Ausgänge haben, zwischen denen eine Entscheidung getroffen wird. Die Bedingungen werden entweder im Klartext oder in Form von logischen Ausdrücken an den ausgehenden Sequenzflüssen notiert bzw. für Process Engines in Attributen gespeichert.

In vielen Flowcharts findet sich eine Darstellung wie in Abbildung 12, wo die zu entscheidende Frage im Gateway-Symbol angeordnet ist, und an den Sequenzflüssen nur noch die Antworten „ja" und „nein" stehen. Die BPMN-Spezifikation äußert sich nicht explizit zu dieser Art der Darstellung, die natürlich nur funktioniert, wenn man sich für das leere Gateway-Symbol ohne „X" entscheidet. Da man in der Spezifikation aber einige Abbildungen mit dieser Art der Modellierung findet, kann man sie zumindest für fachliche Modelle als kompakte Darstellung verwenden.

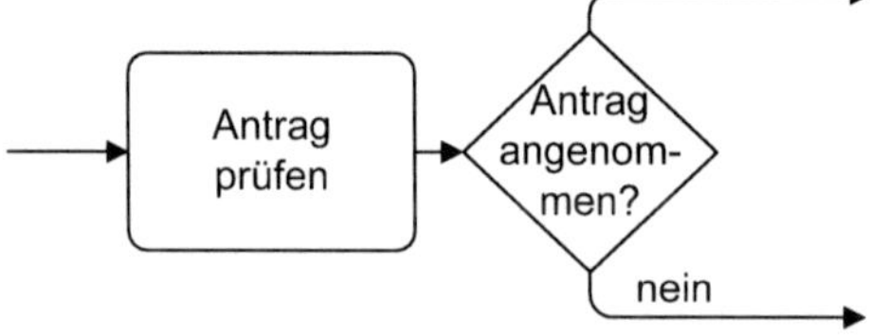

Abbildung 12: Frage im Gateway-Symbol

Wie bereits erwähnt, erfordert die XOR-Logik dieses Gateway-Typs, dass immer genau eine Bedingung zutrifft. Würde man in Abbildung 13 am untersten Sequenzfluss statt „Summe bis zu 100 €" die Bedingung „Summe bis zu 200 €" angeben, so wäre dies ein Verstoß gegen diese Regel, da für Summen zwischen 100 € und 200 € sowohl der unterste als auch der darüber liegende Ausgang gewählt werden müsste.

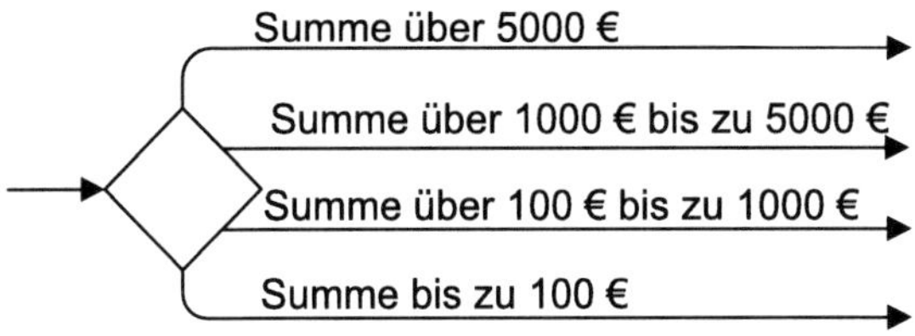

Abbildung 13: Ein Gateway kann beliebig viele Ausgänge haben

Zur Vereinfachung kann man einen der Ausgänge auch zum Standard (engl „Default") bestimmen. Der Standard-Ausgang wird immer dann gewählt, wenn keine Bedingung der anderen Ausgänge zutrifft. Er wird mit einem kleinen Schrägstrich gekennzeichnet. Das Beispiel aus Abbildung 13 kann daher auch wie in Abbildung 14 modelliert werden.

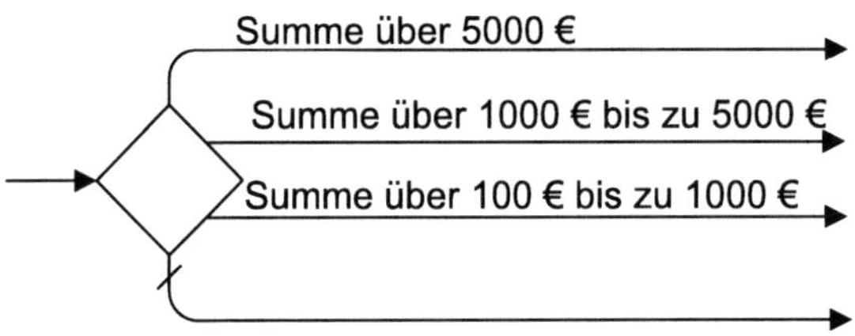

Abbildung 14: Der unterste Ausgang ist als Standard-Ausgang gekennzeichnet

Verwendet man einen exklusiven Gateway wie in Abbildung 15 als Zusammenführung, so muss sichergestellt werden, dass immer nur über genau einen Eingang eine Marke kommen kann. Dies wird dadurch erreicht, dass man die vorangehende Verzweigung ebenfalls mit einem exklusiven Gateway modelliert.

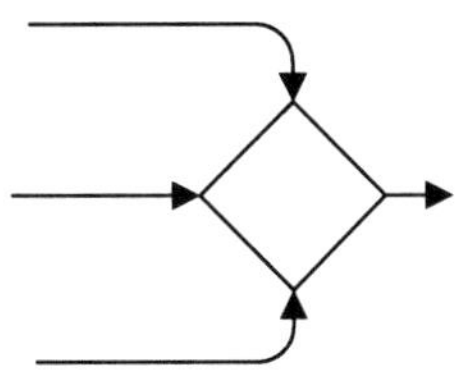

Abbildung 15: Zusammenführender exklusiver Gateway

Der hier vorgestellte Gateway wählt den Ausgang aufgrund von Daten aus. Er wird daher auch als Daten-basierter exklusiver Gateway bezeichnet. Daneben gibt es noch den Ereignis-basierten exklusiven Gateway, der wird in Kapitel 6 vorgestellt wird.

3.2 Paralleler Gateway

Mit einem parallelen Gateway (engl. „Parallel Gateway“) kann ein Sequenzfluss in zwei oder mehr parallel zu durchlaufende Pfade aufgeteilt werden. Dies entspricht einem logischen „UND“. Ebenso werden parallele Pfade mit einem parallelen Gateway zusammengeführt. Ein paralleler Gateway wird durch eine Raute mit einem Pluszeichen dargestellt.

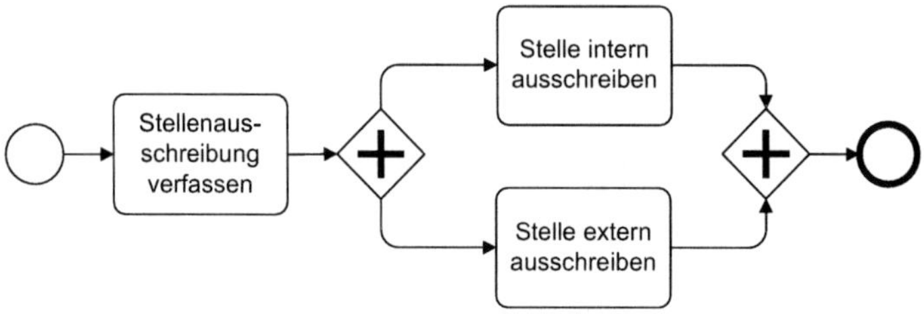

Abbildung 16: Verwendung von parallelen Gateways

Im Abbildung 16 wird zunächst eine Stellenausschreibung verfasst. Anschließend soll die Stelle sowohl intern als auch extern ausgeschrieben werden. Die Aktivitäten „Stelle intern ausschreiben“ und „Stelle extern ausschreiben“ müssen also beide durchgeführt werden. Allerdings gibt es keine bestimmte Reihenfolge, d. h. es kann erst die interne und dann die externe Ausschreibung erfolgen, oder umgekehrt – oder aber die beiden Aktivitäten werden zeitgleich durchgeführt.

Auch die Logik eines parallelen Gateways lässt sich mit dem Fluss von Marken veranschaulichen. Kommt eine Marke an einen verzweigenden parallelen Gateway, so wird die Marke vervielfältigt. Es wird über jeden ausgehenden Sequenzfluss eine Marke ausgegeben (vgl. Abbildung 17).

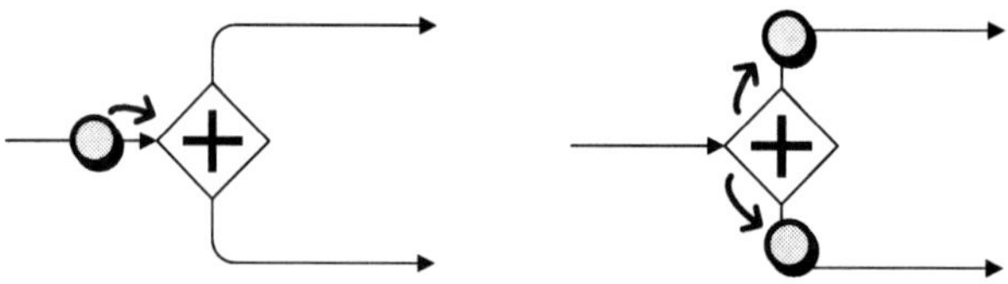

Abbildung 17: Ein verzweigender paralleler Gateway dupliziert die Marken

Abbildung 18 stellt die Logik eines zusammenführenden parallelen Gateways („Join“) dar. Kommt eine Marke über einen der eingehenden Sequenzflüsse an, so wird diese zunächst nicht weitergeleitet (links). Stattdessen wird gewartet, bis auf jedem der eingehenden Sequenzflüsse eine Marke angekommen ist (Mitte). Erst dann werden die

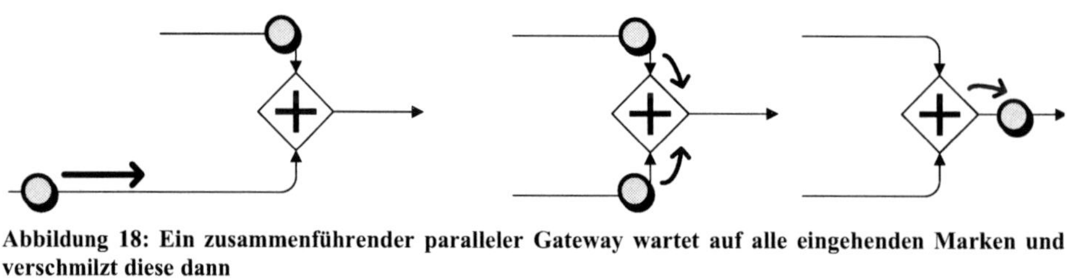

Abbildung 18: Ein zusammenführender paralleler Gateway wartet auf alle eingehenden Marken und verschmilzt diese dann

Marken aller Eingänge verarbeitet. Sie werden wieder zu einer einzigen Marke verschmolzen, die dann über den einzigen Ausgang weitergeleitet wird (rechts).

3.3 Verschiedene Prozessinstanzen an einer parallelen Zusammenführung

Mit Hilfe des Beispiels aus Abbildung 16 lässt sich das Prinzip unterschiedlicher Prozessinstanzen gut nachvollziehen. Eine Prozessinstanz ist ein einzelner Durchlauf eines Prozesses. Das Modell aus Abbildung 16 stellt eine Prozessdefinition dar. Hier wird festgelegt, wie eine Stellenausschreibung ganz allgemein erstellt wird. Erfolgt nun eine konkrete Stellenausschreibung für die Stelle des „Einkäufers IT", handelt es sich bei dem einzelnen Ablauf um eine Prozessinstanz.

Bezogen auf die Idee des Markenflusses: Jedesmal, wenn ein Start-Ereignis eine neue Marke produziert, wird eine neue Prozessinstanz erzeugt. Eine Marke repräsentiert also zunächst eine Prozessinstanz. Wird eine Marke durch einen parallelen Gateway dupliziert, so gehören die zwei oder mehr Marken nach wie vor zur selben Prozessinstanz, es handelt sich sozusagen um Teil-Marken der ursprünglichen Marke, die an einem zusammenführenden parallelen Gateway wieder miteinander zu dieser ursprünglichen Marke verschmolzen werden.

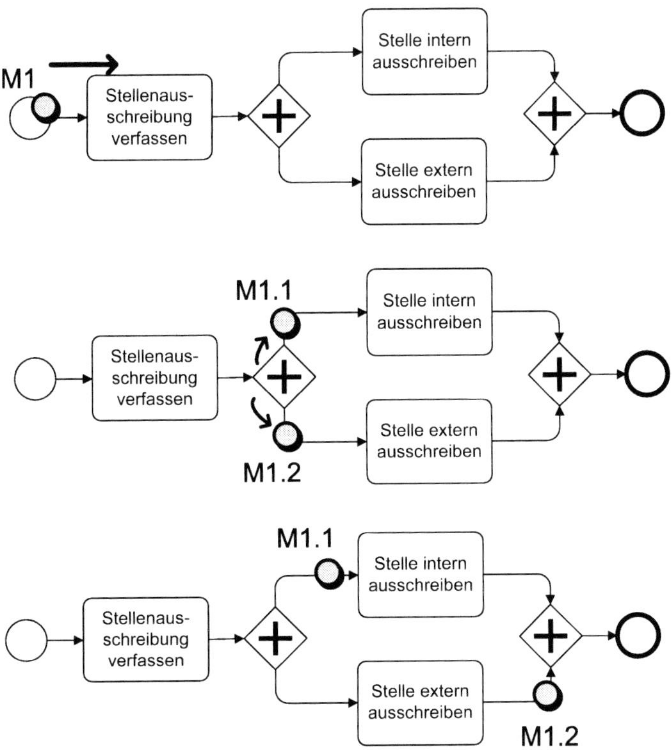

Abbildung 19: Eine erste Prozessinstanz wird bearbeitet

Beim zusammenführenden parallelen Gateway genügt es dabei nicht, dass über jeden Eingang irgendeine beliebige Marke kommt. Es muss sich vielmehr um zueinander gehörende Teil-Marken handeln. Dies ist dann von Bedeutung, wenn mehrere Prozessinstanzen zugleich ablaufen, im vorliegenden Fall also zugleich mehrere Stellenanzeigen erstellt werden. Dies wird im folgenden Beispiel dargestellt.

In Abbildung 19 wird zunächst eine Marke „M1“ erzeugt (oben). Diese wird am parallelen Gateway dupliziert, die entstehenden Marken sind mit „M1.1“ und „M1.2“ bezeichnet (Mitte). Nun wird zunächst die Stelle extern ausgeschrieben, die interne Ausschreibung wird noch nicht durchgeführt. Die Marke M1.2 befindet sich damit am zusammenführenden parallelen Gateway, wo noch auf die Marke M1.1 gewartet werden muss.

In dieser Situation wird nun eine zweite Instanz desselben Prozesses angelegt, weil eine weitere Stelle ausgeschrieben werden soll. Dies zeigt Abbildung 20: Es wird eine zweite Marke „M2“ angelegt (oben). Diese Marke wird am verzweigenden parallelen Gateway ebenfalls dupliziert, es entstehen die Marken M2.1 und M2.2 (Mitte). Diese zweite Stelle wird nun zuerst intern ausgeschrieben, auf die externe Ausschreibung wird noch gewartet. Zugleich wurde die erste Stelle – aus welchen Gründen auch immer – noch nicht intern ausgeschrieben. Die Marke M1.1 befindet sich daher nach wie vor am Eingang der

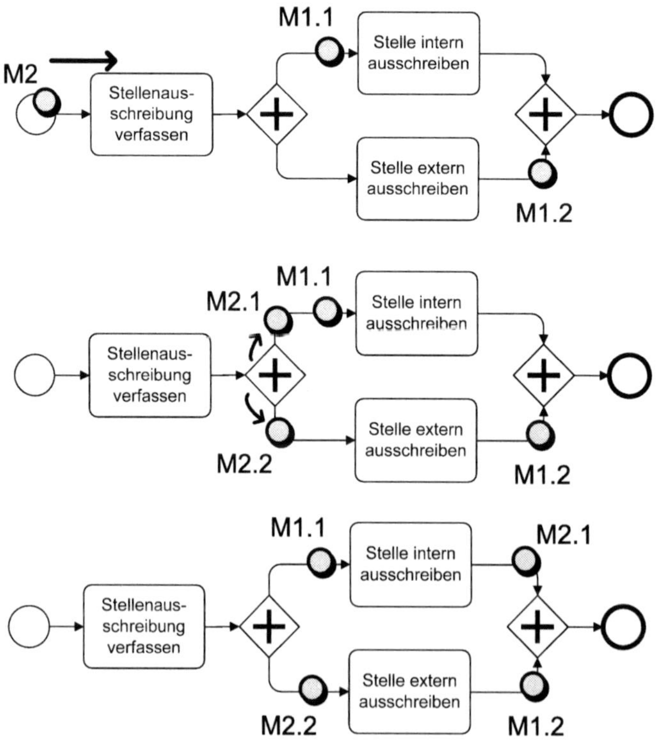

Abbildung 20: Eine zweite Prozessinstanz wird angelegt

Aktivität „Stelle intern ausschreiben". Die Marke M2.1 hat dagegen den zusammenführenden parallelen Gateway erreicht (unten).

Nun sind an beiden Eingängen des parallelen Gateways Marken vorhanden. Dennoch werden diese Marken nicht verschmolzen und weitergeleitet. Schließlich handelt es sich um Teil-Marken, die zu unterschiedlichen Prozessinstanzen gehören. In unserem Beispiel beziehen sie sich auf unterschiedliche Stellenausschreibungen.

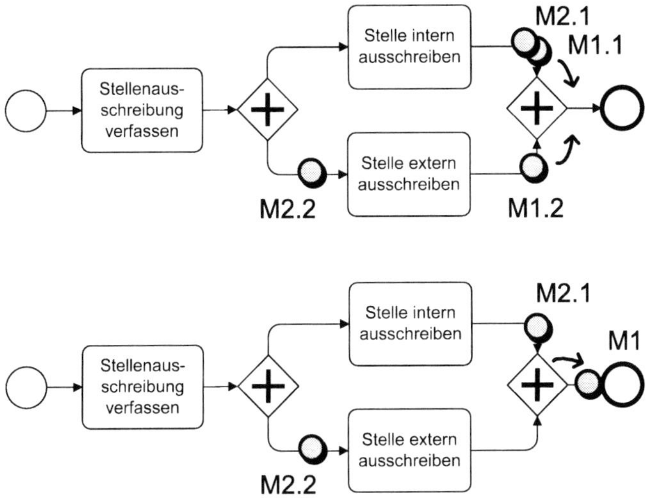

Abbildung 21: Erst wenn alle zusammengehörigen Teil-Marken ankommen, wird der Ablauf fortgesetzt

Abbildung 21 zeigt den nächsten Schritt: Nun wird endlich die erste Stelle intern ausgeschrieben, d. h. Marke M1.1 rückt zum parallelen Gateway vor. Jetzt befinden sich also beide Teil-Marken M1.1 und M1.2 derselben Prozessinstanz M1 am parallelen Gateway (oben). Sie werden nun wieder zur Marke M1 verschmolzen, die dann zum End-Ereignis weitergeleitet wird. Marke M2.1 wartet nach wie vor auf Marke M2.2, bevor diese beiden Teil-Marken ebenfalls wieder verschmolzen und weitergeleitet werden (unten).

3.4 Inklusiver Gateway

Bei einem inklusiven Gateway (engl. „Inclusive Gateway") werden ein oder mehrere Pfade ausgewählt bzw. zusammengeführt. In Abbildung 22 geht es darum, die Medien auszuwählen, in denen eine Stellenanzeige erscheinen soll. Zur Auswahl stehen die Homepage des Unternehmens, die Zeitung und eine Internet-Stellenbörse. Es können beliebig viele dieser Optionen gewählt werden, mindestens aber eine, denn sonst würde die Stellenanzeige überhaupt nicht veröffentlicht. Ein inklusiver Gateway realisiert somit die Logik eines (inklusiven) ODER.

Bei der Zusammenführung mittels eines inklusiven Gateways („Merge") wird auf so viele Marken gewartet, wie vorher erzeugt wurden. Wird beim verzweigenden inklusiven Gateway nur ein Sequenzfluss gewählt, also beispielsweise nur die Homepage oder

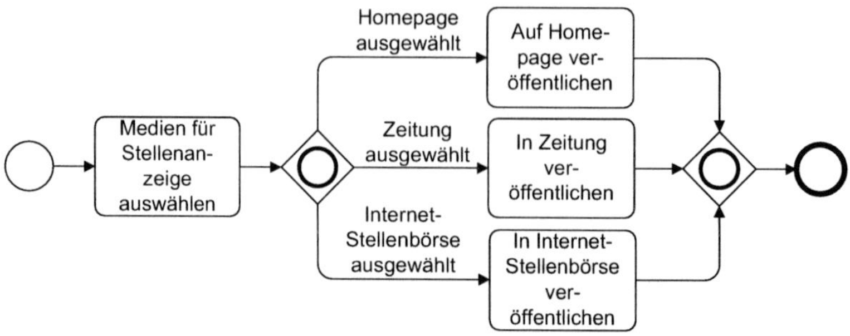

Abbildung 22: Beim inklusiven Gateway werden ein oder mehrere Sequenzflüsse ausgewählt

nur die Zeitung, so kann beim zusammenführenden Gateway nur eine Marke ankommen. Er gibt deswegen sofort eine Marke weiter, wenn diese eine Marke angekommen ist (Abbildung 23). In diesem Fall verhält sich der zusammenführende inklusive Gateway so wie ein exklusiver Gateway, der ebenfalls beim Eintreffen einer einzigen Marke eine Marke ausgibt.

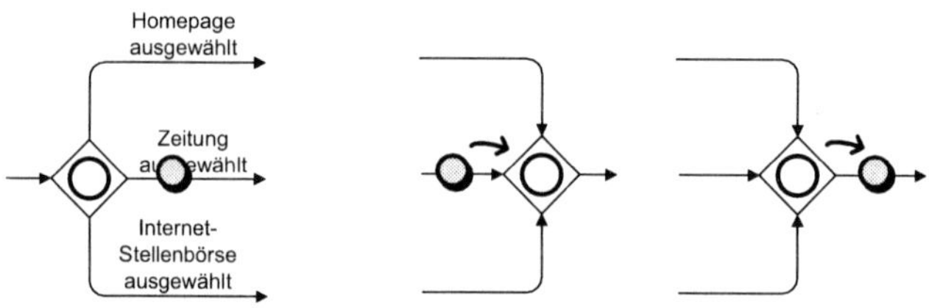

Abbildung 23: Inklusiver Gateway - ein Pfad gewählt

Werden jedoch an der Verzweigung zwei oder drei Sequenzflüsse gewählt, so wäre das Verhalten des exklusiven Gateways unpassend, denn dieser würde beim Eintreffen jeder Marke selbst wieder eine Marke ausgeben, so dass gar keine Zusammenführung dieser Marken erfolgte und stattdessen nacheinander zwei bzw. drei Marken weitergeleitet würden.

Werden am verzweigenden inklusiven Gateway alle ausgehenden Sequenzflüsse gewählt, so muss sich der zusammenführende inklusive Gateway wie ein paralleler Gateway verhalten, denn er darf erst dann eine Marke weitergeben, wenn über alle eingehenden Sequenzflüsse jeweils eine Marke eingetroffen ist. In Abbildung 24 sind im zweiten und dritten Bild nur ein bzw. zwei Marken an der Zusammenführung angekommen. Der Gateway wartet bis zum Eintreffen der dritten und letzten Marke. Erst dann konsumiert er diese drei Marken und gibt eine Marke aus.

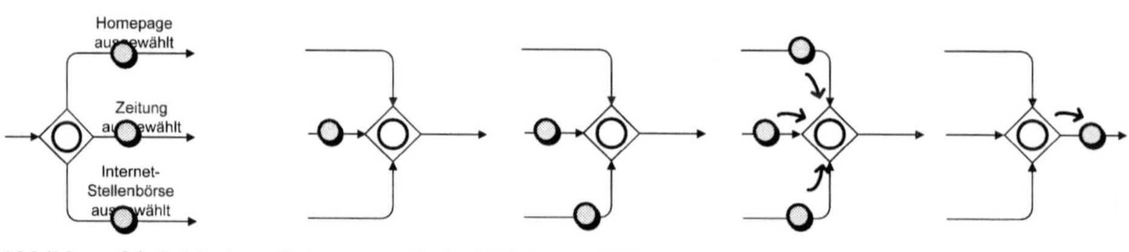

Abbildung 24: Inklusiver Gateway – alle drei Pfade gewählt

Werden an der Verzweigung hingegen nur ein oder zwei Sequenzflüsse ausgewählt, so würde ein paralleler Gateway an der Zusammenführung zu einer Blockade führen, denn dieser schaltet ja erst, wenn Marken über alle drei Sequenzflüsse angekommen sind. Dies wird aber nie der Fall sein, wenn nur ein oder zwei Marken losgeschickt wurden.

Abbildung 25 zeigt einen Fall, in dem zwei Sequenzflüsse gewählt wurden. Hier schaltet der inklusive Gateway, wenn alle beiden an der Verzweigung losgeschickten Marken angekommen sind. Der inklusive Gateway weiß also immer, wie viele und welche Sequenzflüsse gewählt wurden, damit er entscheiden kann, wann alle zu erwartenden Marken eingetroffen sind, und er eine Marke ausgeben kann.

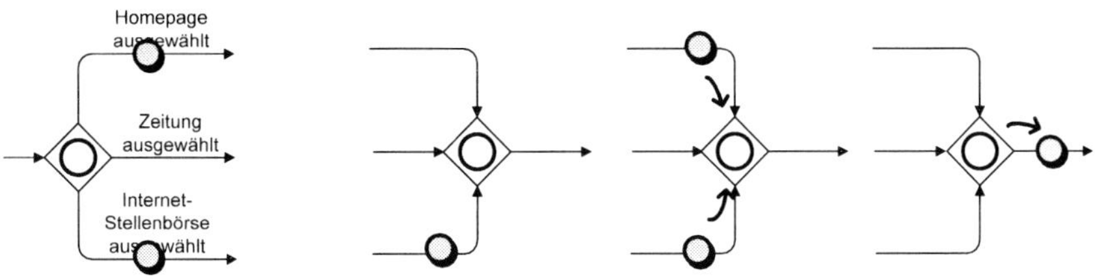

Abbildung 25: Inklusiver Gateway – zwei von drei Pfaden gewählt

Wie beim exklusiven Gateway werden beim verzweigenden inklusiven Gateway die ausgehenden Sequenzflüsse mit Bedingungen versehen. Im Gegensatz zum exklusiven Gateway ist es hier nicht mehr erforderlich, dass immer *genau* eine Bedingung zutrifft, sondern nur, dass immer *mindestens* eine Bedingung zutrifft. Es können also auch zwei oder mehr Bedingungen zugleich zutreffen.

Ein inklusiver Gateway kann daher prinzipiell auch dazu verwendet werden, Sequenzflüsse zusammenzuführen, die aus verzweigenden exklusiven oder parallelen Gateways stammen. Allerdings ist dies kein guter Modellierungs-Stil. Wenn es sich um alternative oder parallel durchlaufene Sequenzflüsse handelt, sollte auch der entsprechende Gateway verwendet werden.

Sinnvoll kann dagegen die Zusammenführung von Sequenzflüssen sein, die über Kombinationen verschiedener Gateways entstanden sind. Natürlich kann man in Abbildung 26

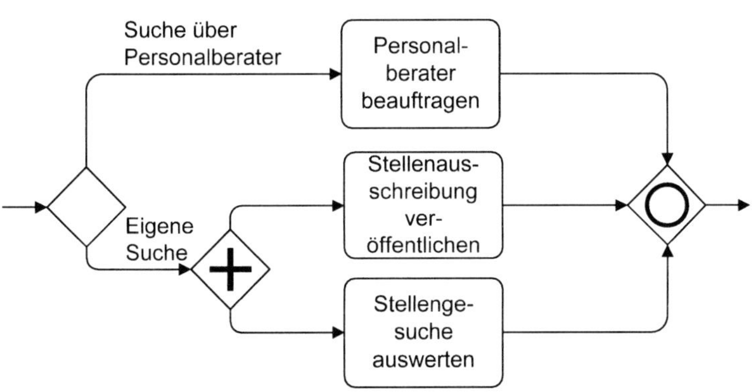

Abbildung 26: Inklusiver Gateway zur Zusammenführung nach kombinierten Gateways

die zur Verzweigung genutzte Kombination aus exklusivem und parallelem Gateway in umgekehrter Reihenfolge auch zur Zusammenführung benutzen. Die Verwendung eines inklusiven Gateways macht dagegen die Darstellung etwas kompakter. Welche Variante man wählt ist eine Frage des Modellierungs-Stils.

Wie beim exklusiven Gateway kann man auch beim inklusiven Gateway einen Ausgang mit Hilfe eines kleinen Schrägstrichs als Standard- oder Default-Sequenzfluss kennzeichnen (vgl. Abbildung 27). Dieser wird automatisch gewählt, wenn keine der Bedingungen an den anderen Sequenzflüssen zutrifft. Damit lässt sich sicherstellen, dass tatsächlich immer mindestens ein Sequenzfluss gewählt wird.

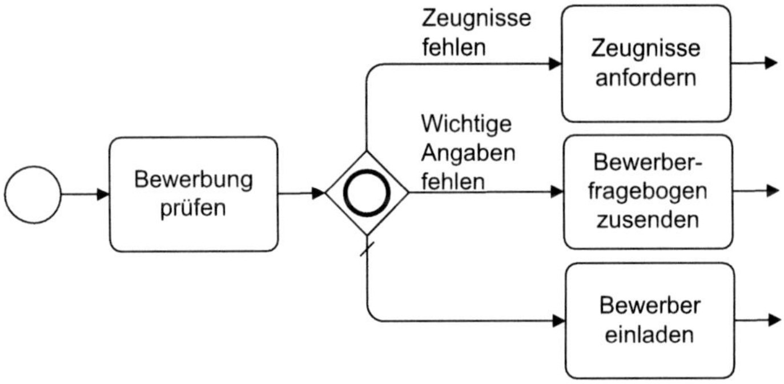

Abbildung 27: Standard-Sequenzfluss am inklusiven Gateway

Im Gegensatz zu den anderen Sequenzflüssen kann der Standard-Sequenzfluss nicht in Kombination mit weiteren Sequenzflüssen gewählt werden, da der Standard ja nur gewählt wird, wenn *keine* der anderen Bedingungen zutrifft. Im Beispiel aus Abbildung 27 kann also entweder ein beliebiger einzelner Sequenzfluss gewählt werden, oder es werden die beiden oberen Sequenzflüsse gewählt. Es ist aber nicht möglich den unteren Sequenzfluss zugleich mit einem oder beiden der oberen Sequenzflüsse auszuwählen. Diese Logik ist für den dargestellten Inhalt geeignet. Entweder fehlt nichts bei der Bewerbung, dann wird der Bewerber eingeladen. Oder aber es müssen Zeugnisse, fehlende Angaben oder beides angefordert werden. Wenn etwas angefordert werden muss, wird der Bewerber jedoch nicht zugleich eingeladen.

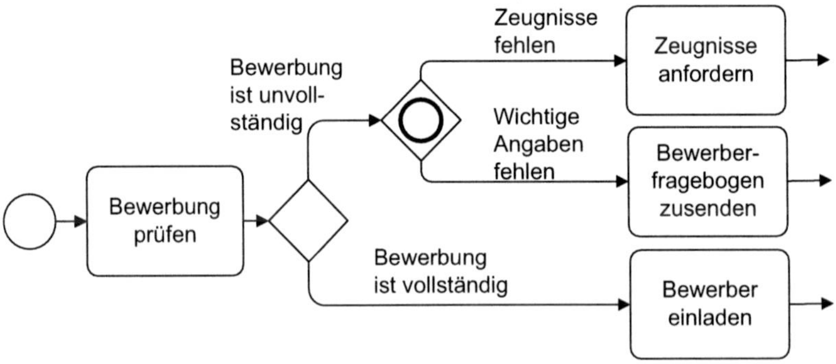

Abbildung 28: Modellierung ohne Standard-Sequenzfluss

Man hätte dieses Beispiel ohne Markierung eines Standard-Sequenzflusses auch mit einem vorgeschalteten exklusiven Gateway modellieren können, wie in Abbildung 28 dargestellt. Allerdings ist die Darstellung etwas komplexer und damit weniger leicht verständlich. Außerdem entsprechen die modellierten Entscheidungen sicherlich nicht der in der Praxis durchgeführten Entscheidungsreihenfolge. Man wird kaum hingehen und zunächst entscheiden, ob die Bewerbung vollständig ist (wozu man ja prüfen muss, ob weder Zeugnisse noch wichtige Angaben fehlen), um bei unvollständiger Bewerbung anschließend noch einmal zu entscheiden, welche der beiden Inhalte fehlen. Stattdessen wird man die gesamte Auswahl in einer Entscheidung treffen, wie dies mit Hilfe des Standard-Sequenzflusses in Abbildung 27 ganz gut ausgedrückt wird.

3.5 Komplexer Gateway

In Abbildung 29 wird der Sequenzfluss eines Bewerbungsprozesses über einen parallelen Gateway in drei parallele Flüsse aufgeteilt. In jedem der drei Zweige wird eine Referenz für den Bewerber eingeholt, zwei von verschiedenen Arbeitgebern und eine von einem Hochschulprofessor. An und für sich werden nur zwei Referenzen benötigt. Da es jedoch manchmal etwas länger dauert, bis eine der angefragten Personen antwortet, werden vorsichtshalber drei Referenzen eingeholt. Sobald zwei Referenzen eingetroffen sind, wird der Prozess fortgesetzt. Die zuletzt eintreffende Referenz wird ignoriert, d. h. die betreffende Marke wird einfach konsumiert ohne dass eine Marke weitergeleitet wird.

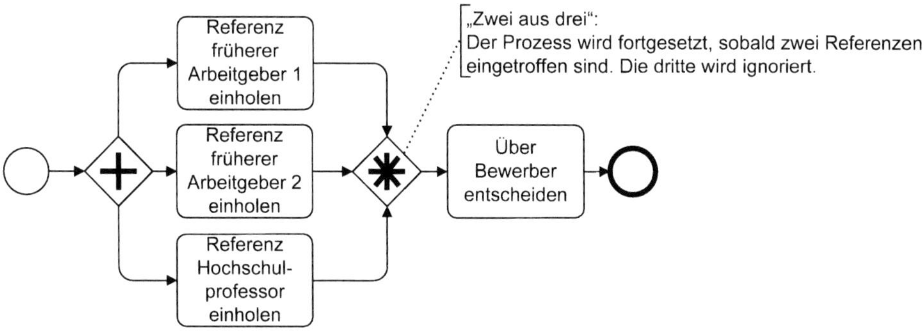

Abbildung 29: Komplexer Gateway zur Zusammenführung

Eine derartige komplexe Logik lässt sich mit Hilfe der bisher vorgestellten Gateways nicht sinnvoll darstellen. Daher wird der mit einem Stern gekennzeichnete komplexe Gateway (engl. „Complex Gateway“) für die Zusammenführung eingesetzt. Ein komplexer Gateway kann beliebige Regeln umfassen, nach denen er die eingehenden Marken verarbeitet. In Abbildung 29 ist die hier verwendete Regel in Form einer Anmerkung dargestellt. Verwendet man Softwarewerkzeuge für die Modellierung, wird eine solche Regel häufig auch in einem Attribut des komplexen Gateway gespeichert (vgl. Anhang C.5).

Wie die anderen Typen von Gateways können auch komplexe Gateways nicht nur zur Zusammenführung, sondern auch zur Verzweigung von Sequenzflüssen eingesetzt werden.

Generell gehört der komplexe Gateway zu den vergleichsweise selten eingesetzten BPMN-Elementen. Treten wirklich einmal sehr komplexe Sequenzfluss-Regeln auf, so kann er durchaus hilfreich sein. Ein komplexer Gateway mit einer verständlich formulierten Regel macht ein Modell wesentlich besser lesbar als eine komplizierte Kombination mehrerer anderer Gateways.

4 Verzweigungen und Zusammenführungen ohne Gateways

In den bisherigen Beispielen hatten die Aktivitäten stets einen eingehenden und einen ausgehenden Sequenzfluss. Die Aufsplittung und Zusammenführung von Sequenzflüssen erfolgte mit Hilfe von Gateways. In vielen Fällen ist es aber auch möglich, mehrere Sequenzflüsse direkt in eine Aktivität münden zu lassen oder mehrere Sequenzflüsse aus einer Aktivität herauszuführen. Hierdurch können Gateways ersetzt werden, was zu einer kompakteren Darstellung führt.

4.1 Verzweigungen ohne Gateways

Abbildung 30 zeigt zwei Möglichkeiten, eine inklusive Verzweigung zu modellieren: Oben die bekannte Darstellung mit einem inklusiven Gateway, in der unteren Darstellung hat die vorangehende Aktivität selbst mehrere Ausgänge. Bei den Sequenzflüssen, die aus der Aktivität „Medien für Stellenanzeige auswählen" herausgehen, handelt es sich um bedingte Sequenzflüsse (engl. „Conditional Sequence Flow"). Sie sind mit einer kleinen Bedingungs-Raute an ihrem Start gekennzeichnet. Dies bedeutet, sie müssen mit einer Bedingung versehen sein. Wenn die Aktivität beendet ist, werden diejenigen bedingten Sequenzflüsse aktiviert, deren Bedingung zutrifft.

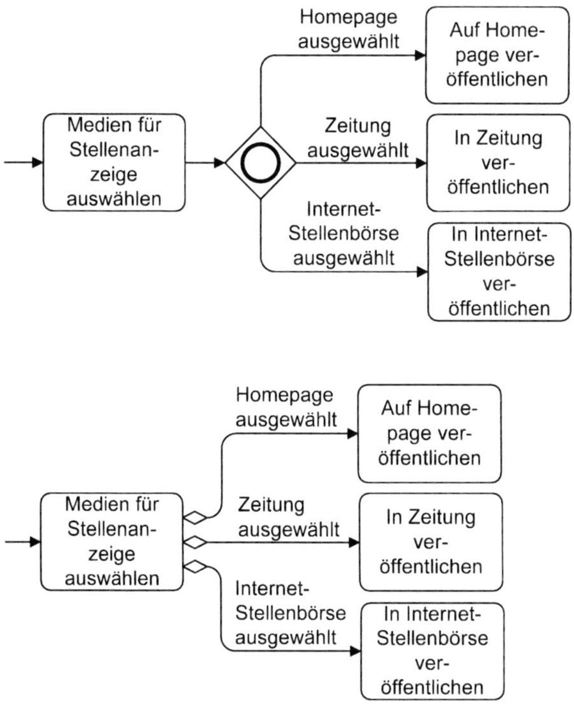

Abbildung 30: Inklusive Verzweigung mit und ohne Gateway

Da mehrere Bedingungen zugleich wahr sein können, können auch mehrere Sequenzflüsse zugleich aktiviert werden. Der Modellierer ist dafür zuständig, die Bedingungen so zu formulieren, dass immer mindestens eine Bedingung zutrifft. Die Logik entspricht also exakt der des inklusiven Gateways.

Bedingungs-Rauten werden nur an den Ausgängen einer Aktivität dargestellt. Wird ein inklusiver Gateway verwendet, so handelt es sich bei den Ausgängen automatisch um bedingte Sequenzflüsse, weshalb keine weitere Kennzeichnung erfolgt.

Ein exklusiver verzweigter Gateway lässt sich auf die gleiche Weise mit Hilfe von bedingten Sequenzflüssen aus einer Aktivität darstellen. Abbildung 31 zeigt dieselbe exklusive Verzweigung mit und ohne Gateway. Der Unterschied zur inklusiven Verzweigung besteht darin, dass die Bedingungen nun so formuliert sind, dass immer nur genau eine Bedingung zutrifft.

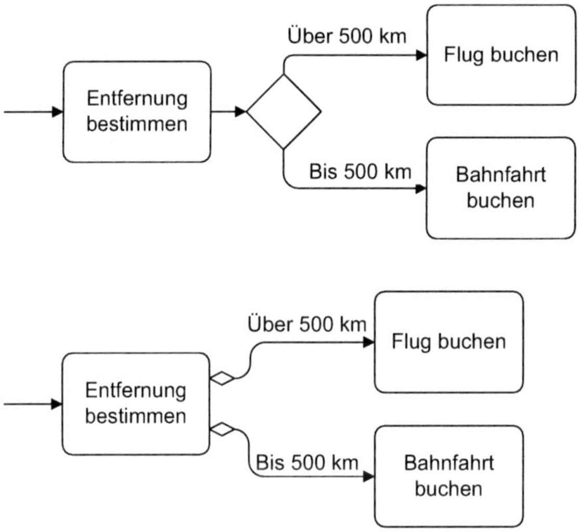

Abbildung 31: Exklusive Verzweigung mit und ohne Gateway

Im zweiten Fall ist der Modellierer – anders als bei der Verwendung eines exklusiven Gateways – aber nicht dazu gezwungen, sich gegenseitig ausschließende Bedingungen zu verwenden. Würde man im oberen Teil von Abbildung 31 die zweite Bedingung „Bis 500 km“ in „Bis 600 km“ ändern, so wäre dies ein Modellierungsfehler, da für Entfernungen zwischen 500 und 600 km beide Bedingungen wahr wären, so dass die beiden Sequenzflüssen nicht mehr exklusiv wären.

Im unteren Teil von Abbildung 31 wäre dies ohne Weiteres erlaubt, die exklusive Verzweigung würde so zur inklusiven Verzweigung. Letztlich handelt es sich bei der Verwendung bedingter Sequenzflüsse an Aktivitäten also immer um die Logik von inklusiven Gateways. Schließlich kann man auch an inklusiven Gateways sich gegenseitig ausschließende Bedingungen verwenden und hierdurch exklusive Verzweigungen erstellen. Allerdings erkennt man die Exklusivität der Verzweigung im Modell nicht so deutlich, da man erst die Bedingungen untersuchen muss. Das grafische Modell verliert also an

Aussagekraft, Modellierungsfehler werden leichter übersehen. Das gilt somit auch für die Modellierung mit bedingten Sequenzflüssen, da es eine exakt gleichbedeutende Darstellung zum exklusiven Gateway nicht gibt.

Auch bei der Verwendung bedingter Sequenzflüsse an Aktivitäten kann einer der Sequenzflüsse als Standard-Fluss („Default“-Fluss) gekennzeichnet werden. Er wird automatisch gewählt, wenn keine Bedingung der anderen Sequenzflüsse zutrifft (vgl. Abbildung 32).

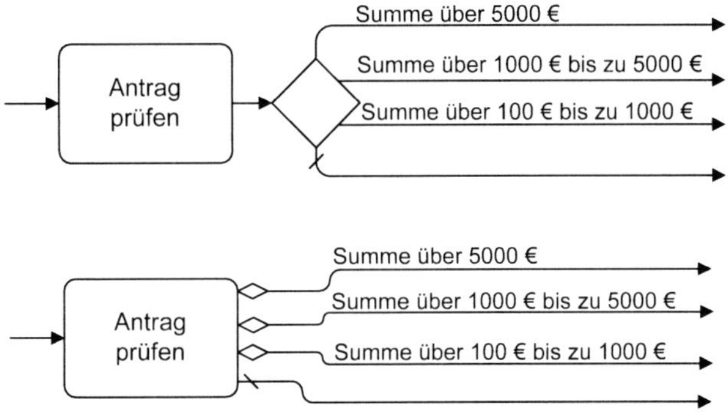

Abbildung 32: Standard-Sequenzfluss beim Gateway und bei der Aktivität

Gehen zwei oder mehr gewöhnliche Sequenzflüsse ohne Bedingungs-Raute aus einer Aktivität heraus, so werden nach Abschluss der Aktivität alle ausgehenden Sequenzflüsse aktiviert. Es wird also für jeden Ausgang eine Marke erzeugt. Dies ist somit gleichbedeutend mit der Verwendung eines parallelen Gateways. Abbildung 33 zeigt die gleiche parallele Verzweigung einmal mit und einmal ohne Gateway.

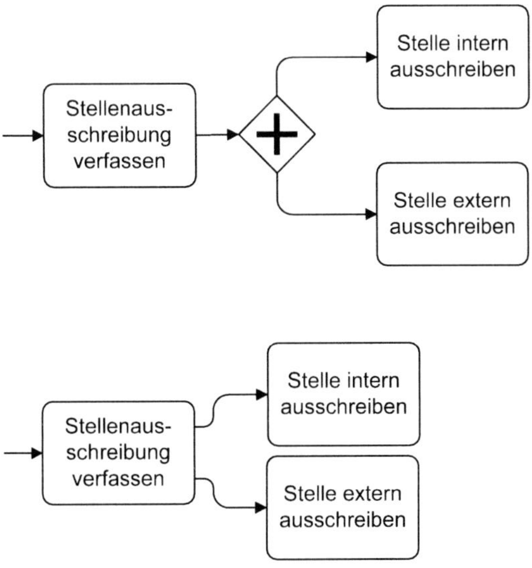

Abbildung 33: Parallele Verzweigung mit und ohne Gateway

Man kann gewöhnliche und bedingte Sequenzflüsse auch gemeinsam aus einer Aktivität herausgehen lassen. Über die Sequenzflüsse ohne Bedingungs-Raute wird dann immer eine Marke ausgegeben – über die anderen nur, wenn deren Bedingungen wahr sind. In diesem Fall sollte dann aber kein Ausgang als Standard-Fluss markiert werden. Dieser würde nie gewählt, da es ja Ausgänge gibt, über die immer eine Marke ausgegeben wird.

4.2 Zusammenführungen ohne Gateways

Die Zusammenführung alternativer Pfade kann ebenfalls ohne Gateway modelliert werden. Im unteren Teil der Abbildung 34 ist neben der Verzweigung auch der zusammenführende exklusive Gateway ersetzt worden. Hierbei gehen die alternativen Sequenzflüsse direkt in die Folge-Aktivität ein. Jede einzelne Marke, die über einen beliebigen Eingang an eine Aktivität gelangt, wird von dieser Aktivität direkt verarbeitet. Es wird also nicht auf andere Marken gewartet, und es findet auch keine Verschmelzung von Marken statt. Dieses Verhalten eignet sich damit für die Zusammenführung exklusiver Sequenzflüsse, wo ja nur jeweils über einen Sequenzfluss eine Marke ankommen kann.

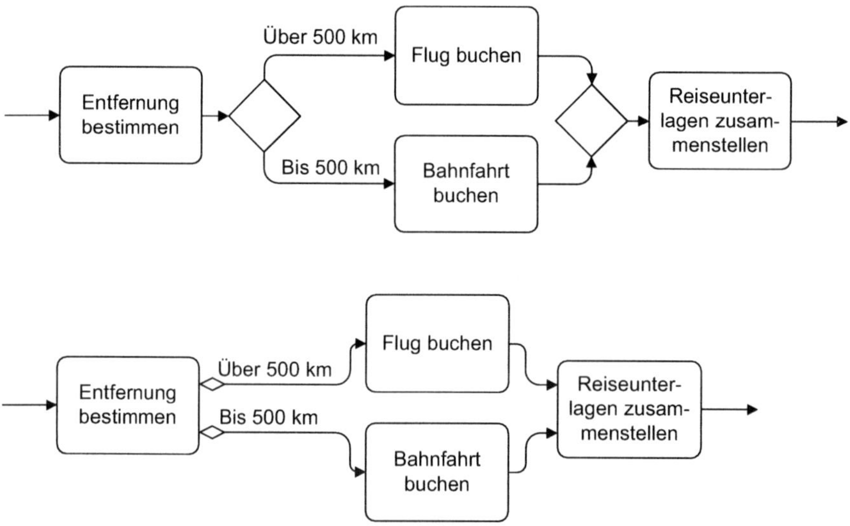

Abbildung 34: Zusammenführung exklusiver Pfade mit und ohne Gateway

Selbstverständlich lassen sich Verzweigungen und Zusammenführungen mit und ohne Gateway auch miteinander kombinieren. Man kann also z. B. mehrere bedingte Sequenzflüsse ohne Gateway aus einer Aktivität herausführen und diese später wieder mit einem exklusiven Gateway zusammenführen (vgl. Abbildung 35, oben). Hierbei muss man darauf achten, dass sich die an den bedingten Sequenzflüssen formulierten Bedingungen gegenseitig ausschließen, so dass tatsächlich immer nur einer einzige Marke am exklusiven Gateway ankommen kann. Ebenso können Sequenzflüsse, die einem verzweigenden exklusiven Gateway entstammen, ohne Gateway zusammengeführt werden (vgl. Abbildung 35, unten).

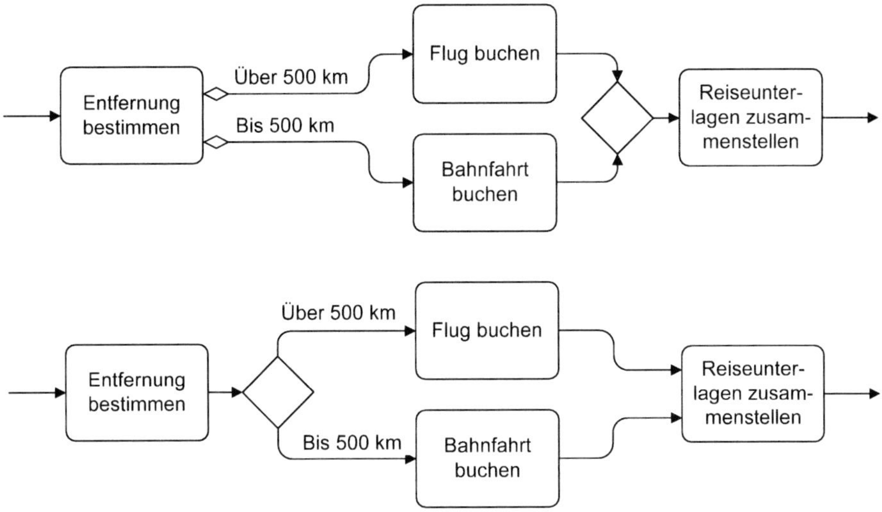

Abbildung 35: Verzweigung und Zusammenführung mit und ohne Gateway kombiniert

Die Zusammenführung nicht-exklusiver Pfade kann hingegen nicht ohne Gateway modelliert werden. Die Modellierung gemäß Abbildung 36 ist nicht korrekt. Wird die Aktivität „Stellenausschreibung verfassen" beendet, so gibt sie wie ein paralleler Gateway zwei zusammengehörige Marken aus, eine pro ausgehendem Sequenzfluss.

Die Zusammenführung an der Aktivität „Bewerber auswählen" verhält sich jedoch wie oben beschrieben: Jedesmal, wenn eine Marke eintrifft, wird die Aktivität „Bewerber auswählen" ausgeführt. Insgesamt wird diese Aktivität also zweimal durchgeführt: Einmal beim Eintreffen der Marke vom oberen Sequenzfluss, das andere Mal, wenn die Marke vom unteren Sequenzfluss ankommt.

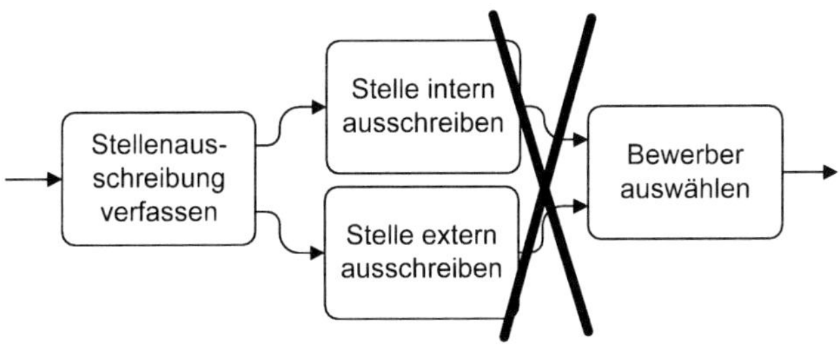

Abbildung 36: Nicht-exklusive Pfade können nicht ohne Gateway zusammengeführt werden

Damit ergibt sich ein Verhalten wie in Abbildung 37 gezeigt. Hier passiert im oberen und im unteren Modell das Gleiche: Sowohl nach Abschluss der Aktivität „Stelle intern ausschreiben" als auch nach Abschluss der parallel durchgeführten Aktivität „Stelle extern ausschreiben" wird die Aktivität „Bewerber auswählen" gestartet. Dies entspricht also nicht der Zusammenführung durch einen parallelen oder inklusiven Gateway, der auf alle zusammen gehörenden Marken wartet, und sie anschließend zu einer einzigen Marke verschmilzt, so dass die Folge-Aktivität „Bewerber auswählen" nur einmal ausgeführt wird.

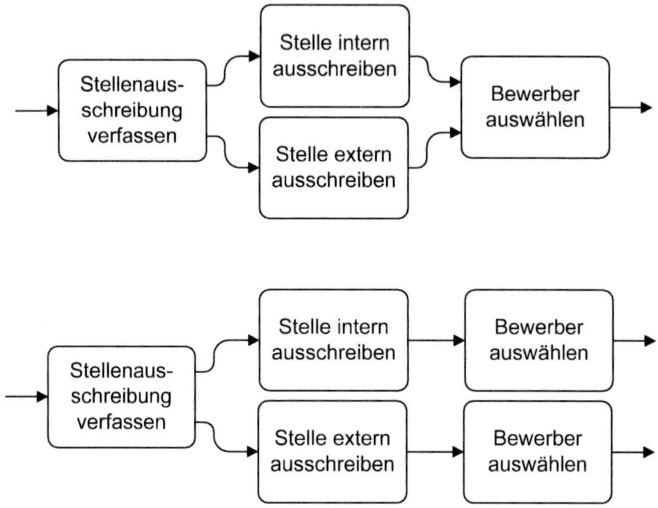

Abbildung 37: Wenn mehrere nicht-exklusive Pfade in eine Aktivität münden, wird diese mehrfach aktiviert

In speziellen Fällen mag das Verhalten gemäß Abbildung 37 gewünscht sein. Dann könnte man aus Vereinfachungsgründen die obere Darstellung wählen. Es läuft dann jede Marke für sich bis zum End-Ereignis. Im Gegensatz zur unteren Darstellung, wo später noch ein zusammenführender Gateway folgen könnte, ist es im oberen Fall nämlich nicht mehr so einfach möglich, die beiden zusammengehörenden Marken wieder miteinander zu verschmelzen. Der Anwendungsbereich für eine Modellierung gemäß der oberen Darstellung wird also recht beschränkt sein.

Die normale Zusammenführung paralleler Pfade mit Verschmelzung der Marken muss somit – unabhängig davon, ob sie aus einem parallelen Gateway oder aus einer Aktivität

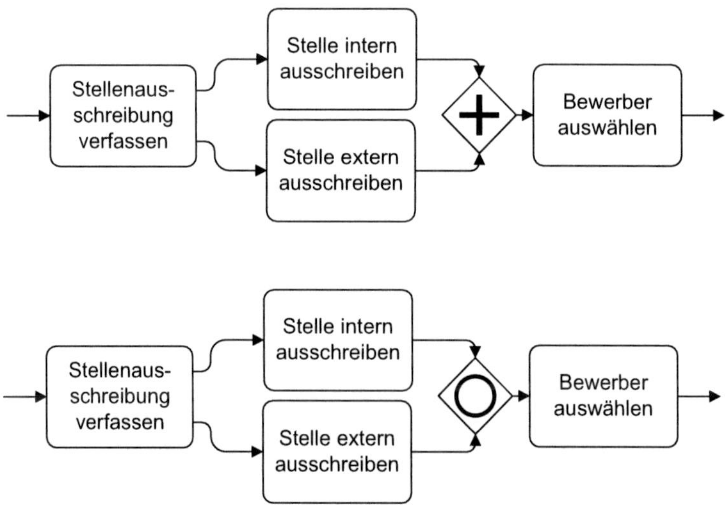

Abbildung 38: Korrekte Zusammenführung paralleler Pfade

mit mehreren Ausgängen entstanden sind – durch einen parallelen oder einen inklusiven Gateway erfolgen (vgl. Abbildung 38). Allerdings ist aus Gründen der besseren Verständlichkeit der parallele Gateway vorzuziehen, da bei diesem unmittelbar klar ist, dass immer über jeden eingehenden Sequenzfluss eine Marke kommen muss.

Nicht-exklusive Pfade entstehen auch durch inklusive Verzweigungen. Diese können außer durch verzweigende inklusive Gateways auch dadurch modelliert werden, dass mehrere bedingte Sequenzflüsse aus einer Aktivität herausführen, und sich die Bedingungen nicht gegenseitig ausschließen.

Auch die inklusiven Pfade in Abbildung 39 können nicht ohne Gateway zusammengeführt werden (es sei denn, es wird wie oben eine Mehrfach-Aktivierung der Folge-Aktivität gewünscht), da auch hier ebenfalls mehr als eine Marke an der Zusammenführung ankommen kann. In diesem Fall kann ausschließlich ein zusammenführender inklusiver Gateway verwendet werden.

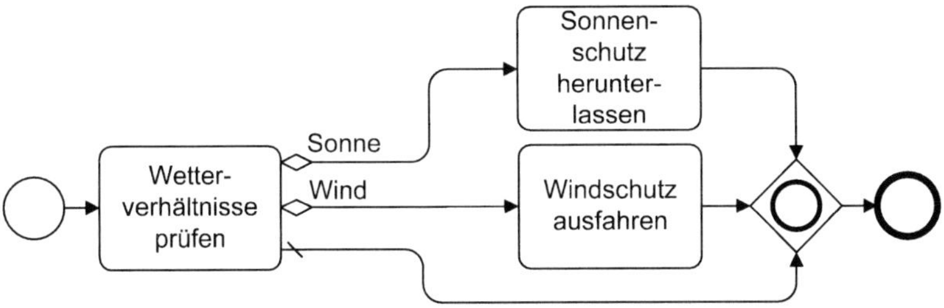

Abbildung 39: Die Zusammenführung inklusiver Pfade erfordert einen inklusiven Gateway.

Das Verhalten bei mehreren aus einer Aktivität ausgehenden Sequenzflüssen und das bei mehreren in eine Aktivität eingehenden Sequenzflüssen ist *nicht* symmetrisch: Gehen mehrere Pfade ohne Bedingungen heraus, so entstehen hierdurch parallele Pfade, es werden mehrere zusammengehörende Marken weitergeleitet (Abbildung 40, links). Dies entspricht einem parallelen Gateway. Gehen hingegen mehrere Pfade hinein, so müssen diese Pfade exklusiv sein, d. h. es darf immer nur über einen Sequenzfluss eine Marke eingehen. Dies entspricht einem exklusiven Gateway.

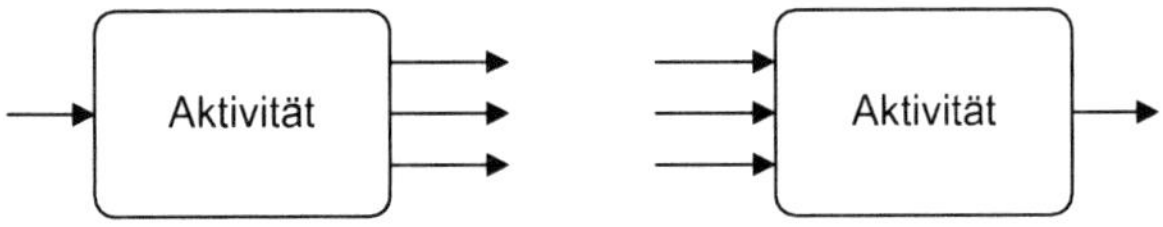

Abbildung 40: Mehrere Ausgänge aus einer Aktivität definieren parallele Pfade, mehrere Eingänge in eine Aktivität führen exklusive Pfade zusammen

Diese Asymmetrie ist nicht intuitiv, das Modell aus Abbildung 36 sieht für den unbedarften Betrachter an und für sich ganz plausibel aus. Man muss sich die unterschiedlichen Bedeutungen der Verzweigung und der Zusammenführung bewusst machen, um Modellierungsfehler zu vermeiden.

4.3 Modellieren mit oder ohne Gateways?

Da sich Verzweigungen und manche Zusammenführungen auf zweierlei Weise modellieren lassen, muss man sich entscheiden, welche Darstellungsmöglichkeit verwendet werden soll: Mit oder ohne Gateways?

Ganz ohne Gateways geht es nicht. Denn einerseits müssen nicht exklusive Pfade im Normalfall über Gateways zusammengeführt werden, andererseits wird ein Gateway auch dann benötigt, wenn eine Verzweigung direkt auf einen anderen Gateway oder ein Ereignis folgt. Ebenso wird auch für die Zusammenführung exklusiver Pfade ein Gateway benötigt, wenn anschließend ein weiterer Gateway oder ein Ereignis folgt (Vgl. Abbildung 41). Dass in einen Gateway mehrere Sequenzflüsse eingehen und zugleich mehrere Sequenzflüsse ausgehen, sollte aufgrund möglicher Missverständnisse vermieden werden.

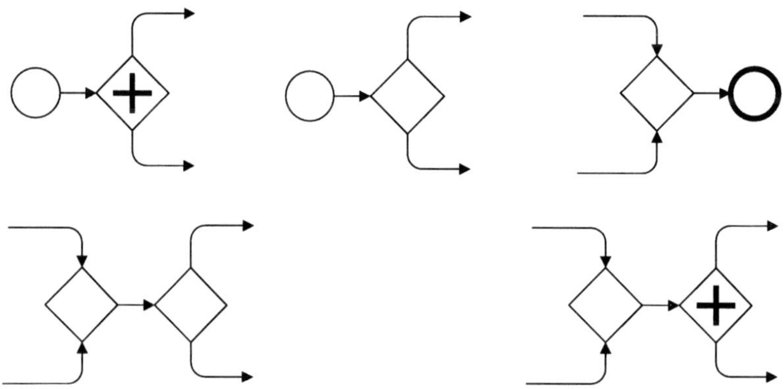

Abbildung 41: Anders als bei Aktivitäten kann bei Verzweigungen nach bzw. Zusammenführungen vor Ereignissen oder weiteren Gateways nicht auf einen Gateway verzichtet werden

Durch einen weitgehenden Verzicht auf Gateways wird eine kompaktere, platzsparendere Darstellung erreicht. Je nach zu modellierendem Sachverhalt kann die direkte Verzweigung aus einer Aktivität heraus auch als natürlichere Darstellung angesehen werden. Handelt es sich wie in Abbildung 42 um eine Entscheidungs-Aktivität, so ist es naheliegend, die als Ergebnis der Entscheidung einzuschlagenden Sequenzflüsse direkt aus der Aktivität herausgehen zu lassen. Wird die Verzweigung hingegen separat mit Hilfe eines Gateways dargestellt, so ist sie optisch von der Entscheidungs-Aktivität getrennt. Die Entscheidungs-Aktivität liefert in diesem Fall ein Ergebnis, das erst an-

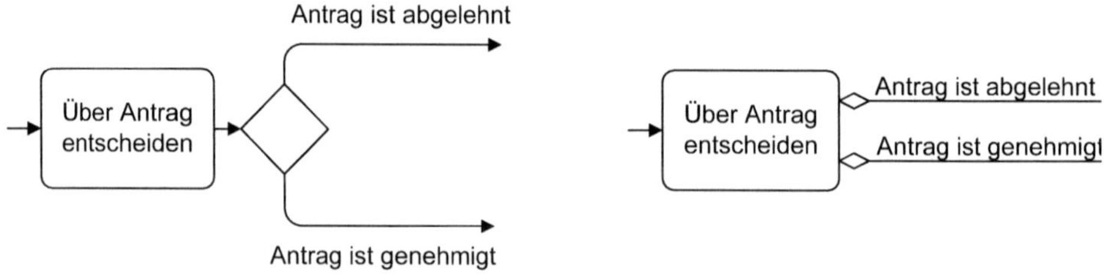

Abbildung 42: Verschiedene Möglichkeiten zur Modellierung von Entscheidungen

schließend ausgewertet und zur Auswahl eines oder mehrerer Sequenzflüsse verwendet wird.

Im Falle eines automatisierten Prozesses ruft die Process Engine eine Funktion auf, erhält von dieser einen Wert zurück und wählt anschließend den richtigen Sequenzfluss aus. Hier passt die Trennung von Aktivität und Verzweigung, da es mit der Process Engine eine steuernde Einheit gibt, die die Prozesslogik unabhängig von den aufgerufenen Funktionen abarbeitet. Wird keine Process Engine verwendet, ist die Entscheidungs-Aktivität hingegen häufig eng mit der tatsächlichen Prozess-Steuerung verknüpft. So kann beispielsweise direkt eine Folge-Aktivität aufgerufen werden, oder der Entscheider gibt den Vorgang je nach Ergebnis seiner Entscheidung an unterschiedliche Personen weiter.

Geht es bei der vorangehenden Aktivität nicht darum, eine Entscheidung zu treffen, sondern nur z. B. um eine Preis-Ermittlung, so passt die Darstellung mit Gateway besser. Die Aktivität liefert ein Ergebnis (z. B. einen Preis). Am folgenden Gateway kann nun auf Basis dieses Preises ein Sequenzfluss ausgewählt werden, wobei die Bedingungen (z. B. Überschreiten einer gewissen Summe) völlig unabhängig von der vorangehenden Aktivität sind (vgl. Abbildung 43). Bei einer Entscheidungs-Aktivität hingegen entsprechen die Bedingungen an den ausgehenden Sequenzflüssen typischerweise den möglichen Ergebnissen der Entscheidung (z. B. „Zustimmung“ oder „Ablehnung“).

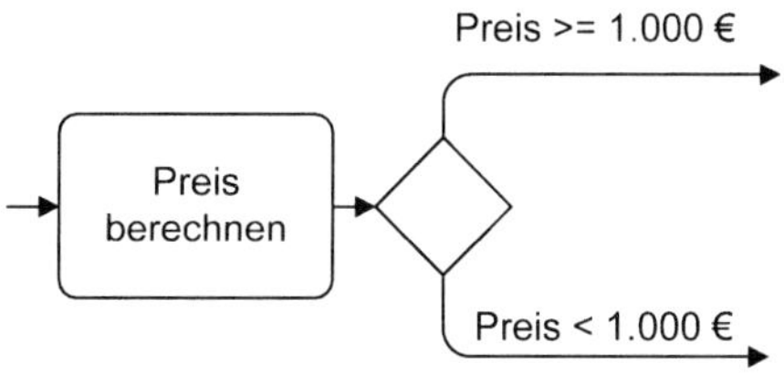

Abbildung 43: Die Berechnungs-Aktivität liefert ein Ergebnis, das anschließend am Gateway ausgewertet wird

Die Unterscheidung in Entscheidungs-Aktivitäten und andere Aktivitäten ist eine rein inhaltliche, über die sich trefflich diskutieren lässt. Die BPMN als solche macht diese Unterscheidung nicht. Ob man eine derartige Unterscheidung treffen und die betreffenden Verzweigungen unterschiedlich modellieren möchte, ist eine Frage des Modellierungs-Stils. Ggf. können derartige Festlegungen in Modellierungskonventionen getroffen werden.

Da es nicht möglich ist, komplett auf Gateways zu verzichten, ergibt sich bei direkt an den Aktivitäten modellierten Verzweigungen und Zusammenführungen oftmals eine asymmetrische Darstellung. Insbesondere bei nicht-exklusiven Pfaden muss eine Verzweigung ohne Gateway am Ende mit einem Gateway zusammengeführt werden, wie in Abbildung 38 dargestellt. Auch eine Zusammenführung exklusiver Pfade ohne Gateway erfordert einen Gateway an der Verzweigung, wenn diese z. B. auf ein Ereignis oder einen anderen Gateway folgt (Abbildung 44).

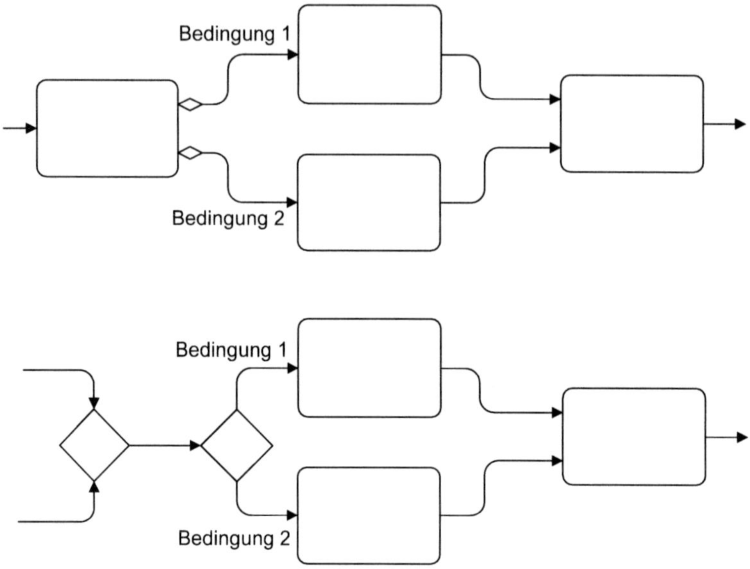

Abbildung 44: Verzweigung und Zusammenführung symmetrisch, beide ohne Gateway (oben). Im unteren Fall ist dies nicht möglich, da keine Aktivität, sondern ein anderer Gateway vorausgeht.

Die einander entsprechenden Verzweigungen und Zusammenführungen lassen sich leichter erkennen, wenn die gleichen Gateway-Typen symmetrisch verwendet werden Auch bei komplexeren Fällen, in denen mehrere Gateways kombiniert werden, hilft die symmetrische Verwendung von Gateways beim Verständnis der Logik des Ablaufs (Abbildung 45 und Abbildung 46).

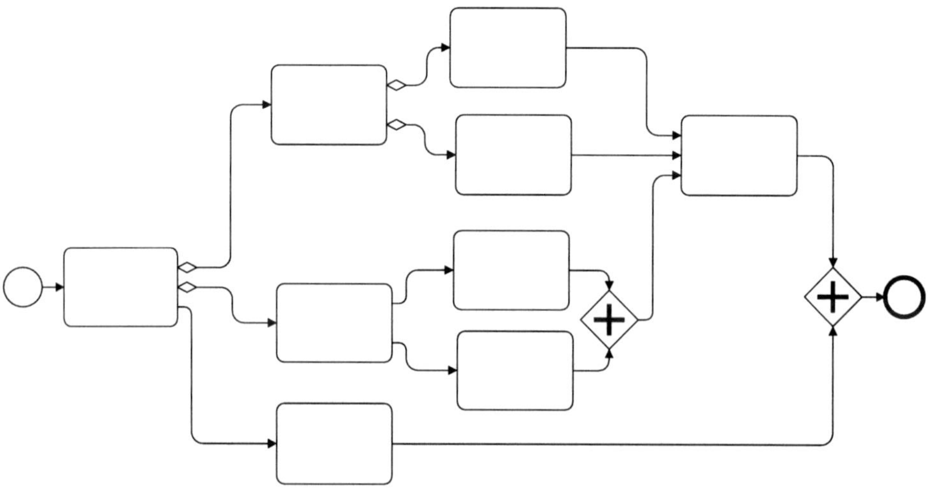

Abbildung 45: Ein komplexeres Beispiel, bei dem soweit möglich auf Gateways verzichtet wurde

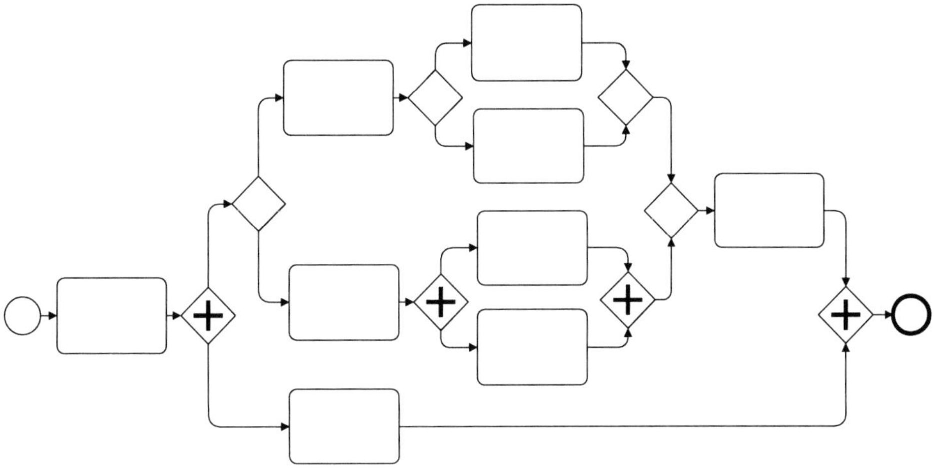

Abbildung 46: Die symmetrische Verwendung von Gateways erleichtert das Verständnis der Sequenzfluss-Logik

Hinzu kommt die größere Ausdruckskraft der verwendeten Gateway-Typen. Verwendet man einen exklusiven Gateway, so weist man damit ausdrücklich darauf hin, dass immer nur genau ein Sequenzfluss gewählt werden darf. Schließen sich die Bedingungen an den ausgehenden Sequenzflüssen gegenseitig nicht aus, oder können Fälle eintreten, in denen keine Bedingung wahr wird, so ist dies ein klarer Modellierungsfehler.

Wird eine exklusive Verzweigung hingegen direkt an einer Aktivität mit Hilfe bedingter Sequenzflüsse modelliert, so ist es nicht so leicht zu erkennen, dass immer nur genau ein Pfad gewählt wird. Dies findet man nur heraus, indem man die Bedingungen an den Sequenzflüssen untersucht. Wurden diese entgegen der eigentlichen Absicht versehent-

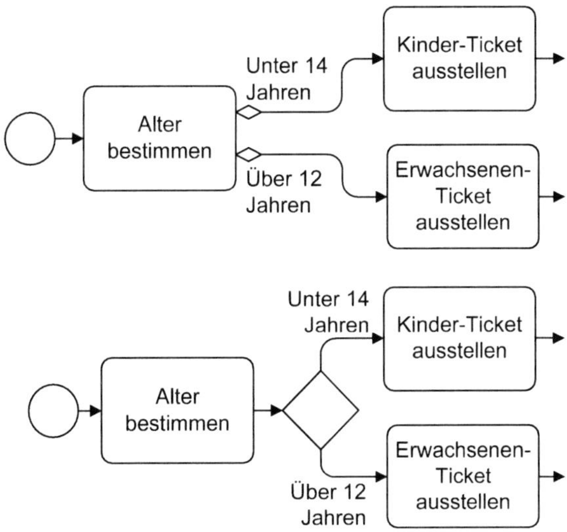

Abbildung 47: Höhere Ausdruckskraft der Modellierung mit Gateway: Im unteren Fall ist die Verwendung sich nicht ausschließender Bedingungen ein Verstoß gegen die BPMN-Syntax.

lich so gewählt, dass sie sich nicht für jeden Fall ausschließen, lässt sich dieser inhaltliche Fehler schwerer entdecken, da es sich um keinen Verstoß gegen die BPMN-Syntax handelt.

So handelt es sich im unteren Fall von Abbildung 47 um einen klaren Fehler: Für Kinder zwischen 12 und 14 Jahren sind beide Bedingungen wahr. Dies ist beim exklusiven Gateway nicht erlaubt. Im oberen Fall ist dies nicht verboten, weshalb das obere Modell syntaktisch korrekt ist. Inhaltlich ist es natürlich genauso wenig sinnvoll wie das untere.

Letztlich muss man selbst entscheiden wie man mit den verschiedenen Möglichkeiten der Modellierungen von Verzweigungen und Zusammenführungen umgeht. Es sollte durch geeignete Modellierungskonventionen eine möglichst einheitliche Darstellung in den Modellen in einem Projekt oder Unternehmen angestrebt werden.

5 Zusammenarbeit in Kollaborationsprozessen

Eine Besonderheit der BPMN gegenüber anderen grafischen Modellierungs-Notationen ist die Möglichkeit zur Darstellung sogenannter Choreographien. Eine Choreographie ist das aufeinander abgestimmte Zusammenspiel von zwei oder mehr Prozessen, die keiner zentralen Steuerung unterliegen und mittels Nachrichtenaustausch kommunizieren.

Choreographien sind insbesondere nützlich, um die Zusammenarbeit zwischen verschiedenen Unternehmen zu beschreiben. So handelt es sich etwa bei dem Bestellprozess eines Unternehmens und dem Auftragsbearbeitungsprozess seines Lieferanten um zwei eigenständige Prozesse. Die beiden Prozesse sind jedoch miteinander verknüpft. So wird im Bestellprozess eine Bestellung versandt, die beim Lieferanten den Auftragsbearbeitungsprozess anstößt. In diesem Prozess wird dann u. a. eine Auftragsbestätigung versandt, die wiederum im Bestellprozess des bestellenden Unternehmens verarbeitet wird, usw.

Die Modellierung von Choreographien erfolgt mit Hilfe von zwei oder mehr Pools. Innerhalb jedes Pools läuft ein Prozess ab. Zwischen diesen Prozessen werden Nachrichtenflüsse modelliert. Da ein Pool nicht nur ein Unternehmen repräsentieren kann, sondern auch z. B. ein Computerprogramm oder ein technisches System, muss es sich bei einer Choreographie auch nicht unbedingt um eine unternehmensübergreifende Kollaboration handeln. Man kann beispielsweise auch eine Choreographie modellieren, in der mehrere getrennt voneinander ablaufende Computerprogramme Daten miteinander austauschen.

5.1 Beispiel für einen Kollaborationsprozess

Abbildung 48 zeigt ein Beispiel für die Modellierung eines Kollaborationsprozesses. Es wird der Ablauf einer Bewerbung im Zusammenspiel zwischen Bewerber und Unternehmen dargestellt.

Für Bewerber und Unternehmen wurden separate Pools verwendet. Damit wird ausgedrückt, dass die beiden Teilnehmer an der Choreographie unabhängig voneinander sind. Weder kann der Bewerber beeinflussen wie der Prozess der Bewerberauswahl in dem Unternehmen durchgeführt wird, noch hat das Unternehmen Einfluss darauf, wie der Bewerber seine Bewerbung und die darauf folgenden Schritte durchführt. Ebenso wenig gibt es eine übergeordnete Instanz, die den Gesamtablauf über die beiden Teilnehmer hinweg festlegen und steuern würde.

In jedem Pool ist daher ein kompletter Prozess mit Start- und End-Ereignis, Aktivitäten und Sequenzfluss modelliert. Dennoch sind die Prozesse nicht völlig unabhängig voneinander, da zwischen diesen Prozessen ein Austausch von Nachrichten erfolgt. Im Rahmen der Aktivität „Bewerbung schreiben“ sendet der Bewerber eine Nachricht in Form seiner Bewerbung an das Unternehmen. Dieses nimmt die Bewerbung in der Aktivität

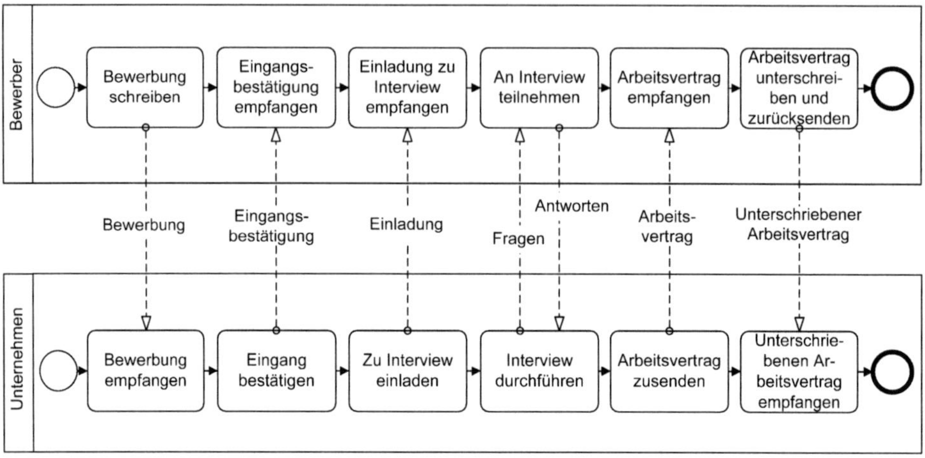

Abbildung 48: Beispiel für einen Kollaborationsprozess

„Bewerbung empfangen" entgegen. Anschließend folgt die Aktivität „Eingang bestätigen", die eine Nachricht mit einer Eingangsbestätigung an den Bewerber verschickt.

Beim Bewerber folgt auf „Bewerbung schreiben" die Aktivität „Eingangsbestätigung empfangen". Zu dieser ist ein eingehender Nachrichtenfluss modelliert. Die Aktivität kann somit erst dann komplett durchgeführt und abgeschlossen werden, wenn die Nachricht mit der Eingangsbestätigung eingetroffen ist.

Solange keine Eingangsbestätigung ankommt, bleibt der Prozess auf Bewerberseite stehen und wartet. Dies ist eigentlich ungünstig, denn falls etwa eine Einladung zu einem Bewerbungsgespräch ohne vorherige Eingangsbestätigung eintrifft, kann der modellierte Prozess diese nicht verarbeiten, da er noch auf eine Eingangsbestätigung wartet. Ein sinnvollerer Prozess würde auch diese Möglichkeit korrekt verarbeiten. Aus Vereinfachungsgründen wurden dieser Fall sowie eine Reihe von anderen möglichen Fällen, wie z. B. eine Absage durch das Unternehmen, in Abbildung 48 nicht mit aufgenommen.

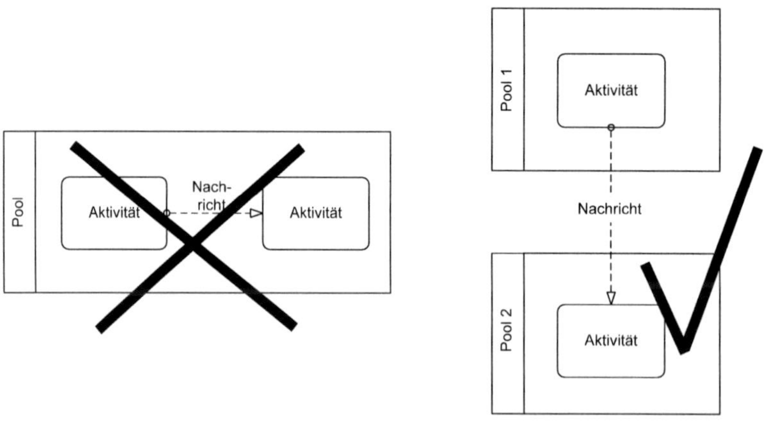

Abbildung 49: Nachrichtenflüsse sind nur zwischen Pools erlaubt, nicht innerhalb eines Pools

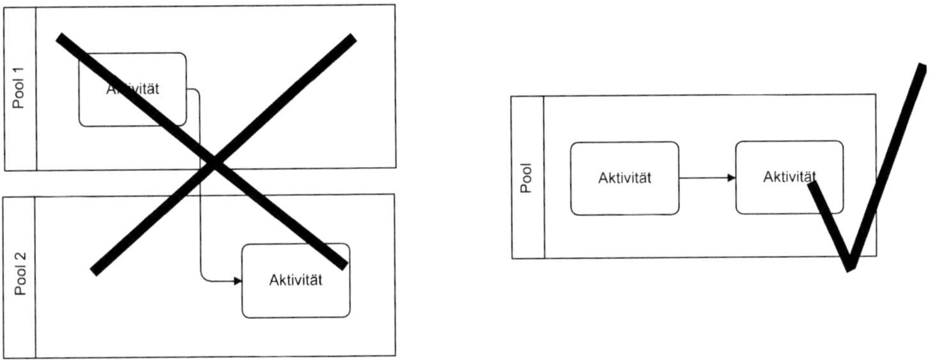

Abbildung 50: Sequenzflüsse sind nur innerhalb eines Pools erlaubt, nicht zwischen Pools

5.2 Modellierung von Nachrichtenflüssen

Ein Nachrichtenfluss kann für jede beliebige Art von Informationsaustausch stehen. Beispiele sind das Versenden einer E-Mail, eines Faxes bzw. eines Briefs, oder ein Anruf. Nachrichten können auch mit physischen Objekten verbunden sein. So kann etwa eine Warenlieferung ebenfalls als Nachrichtenfluss im Rahmen einer Choreographie modelliert werden. Natürlich kann auch jede Art von elektronischem Datenaustausch als Nachrichtenfluss dargestellt werden, beispielsweise das Herunterladen einer Datei oder der Aufruf einer von einem anderen System bereitgestellten Funktion, z. B. über einen Web Service.

Nachrichtenflüsse werden im Gegensatz zu den durchgezogen gezeichneten Sequenzflüssen mit gestrichelten Linien dargestellt. Der Beginn ist mit einem kleinen Kreis gekennzeichnet, die Pfeilspitze nicht ausgefüllt. Sie dienen in der BPMN ausschließlich der Kommunikation zwischen eigenständigen Prozessen, die sich in unterschiedlichen Pools befinden. Von daher sind Nachrichtenflüsse ausschließlich zwischen verschiedenen Pools erlaubt, nicht aber innerhalb eines Pools (Abbildung 49).

Sequenzflüsse hingegen werden zur Darstellung des Ablaufs im Rahmen eines eigenständigen Prozesses und damit stets innerhalb eines Pools verwendet. Sequenzflüsse dürfen daher niemals Pool-Grenzen überschreiten (Abbildung 50).

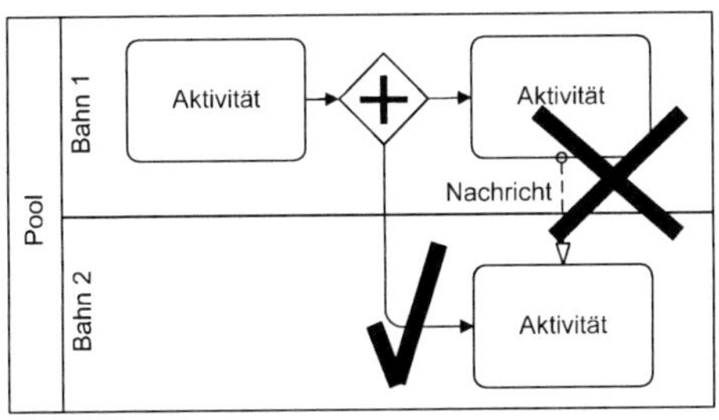

Abbildung 51: Sequenzflüsse können die Grenzen von Bahnen innerhalb eines Pools überqueren. Der Nachrichtenfluss rechts befindet sich jedoch nach wie vor innerhalb eines Pools.

Bahnen sind Unterteilungen von Pools. Aus BPMN-Sicht haben diese eher informativen Charakter, d. h. sie beeinflussen die modellierte Ablauflogik nicht. Entsprechend können Sequenzflüsse die Grenzen zwischen Bahnen überqueren. Ein Nachrichtenfluss zwischen verschiedenen Bahnen eines Pools ist hingegen nicht möglich, da Beginn und Ende eines Nachrichtenflusses in verschiedenen Pools liegen müssen (Abbildung 51).

Korrekt modellierte Nachrichtenflüsse, d. h. Nachrichtenflüsse zwischen verschiedenen Pools, können ohne weiteres die Grenzen zwischen Bahnen überschreiten. Beispiele hierfür sind in Abbildung 52 gezeigt.

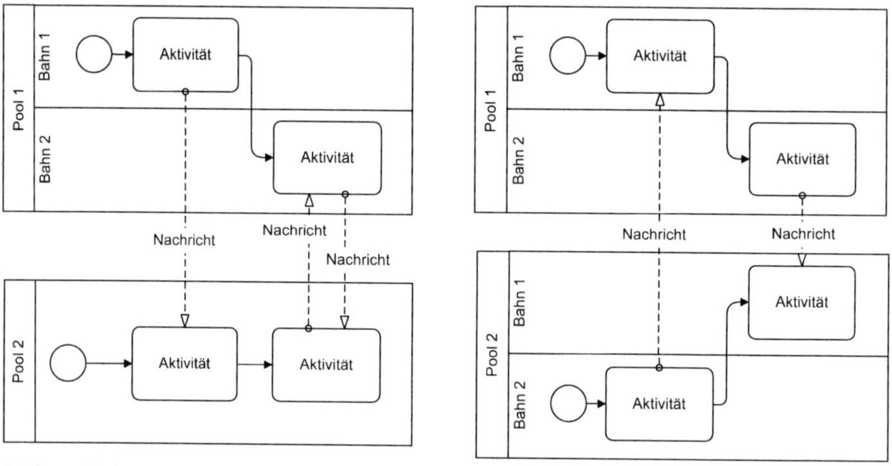

Abbildung 52: Nachrichtenflüsse können die Grenzen von Bahnen überqueren, müssen dabei aber immer auch zu einem anderen Pool führen

5.3 Nachrichtenflüsse zu Pools ohne Prozess-Darstellung

Die Darstellung der Choreographie in Abbildung 48 zeigt die internen Prozesse beider beteiligten Partner. Oftmals sind aber nur die internen Abläufe des eigenen Unternehmens bekannt, nicht hingegen die eines Geschäftspartners. Was aber bekannt ist, sind die mit diesem Geschäftspartner im Rahmen des Prozesses auszutauschenden Nachrichten.

In einem solchen Fall wird der betreffende Pool ohne den Prozess dargestellt. Die Nachrichtenflüsse beginnen und enden dann einfach am Rand des Pools (Abbildung 53).

Falls überhaupt nur die auszutauschenden Nachrichten in ihrer Reihenfolge interessieren, so können wie in Abbildung 54 auch beide Pools ohne Interna dargestellt werden. Auf diese Weise lässt sich das Austausch-Protokoll der Choreographie dokumentieren. Der Inhalt dieses Protokolls ist das, auf was sich beide Geschäftspartner einigen müssen, damit der gemeinsame Ablauf funktioniert.

Fragt beispielsweise ein Stellensuchender bei dem Unternehmen an, wie die Bewerbung abläuft, so wird man ihm den Inhalt des Diagramms aus Abbildung 54 erläutern: Dass er zunächst eine Bewerbung schicken muss, anschließend eine Eingangsbestätigung erhält

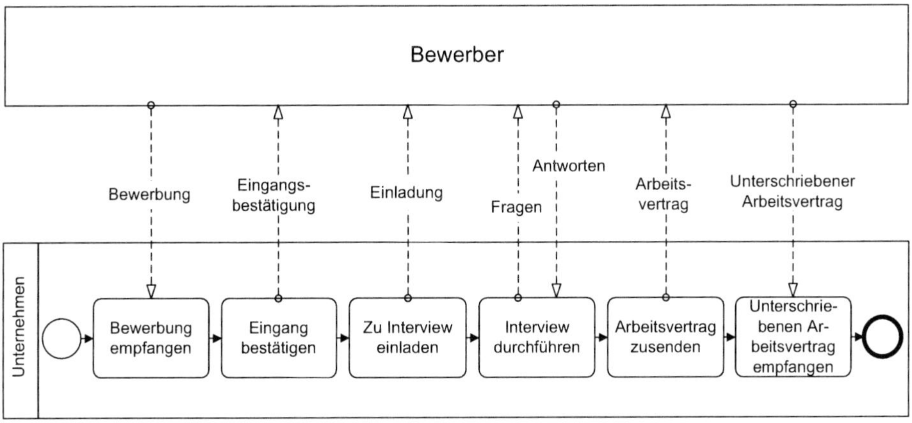

Abbildung 53: Nachrichtenflüsse zu einem Pool ohne Modellierung seiner Interna

usw. Das Protokoll des Nachrichtenaustauschs stellt somit die Schnittstelle des Unternehmens zum Bewerber im Rahmen des Bewerbungsprozesses dar.

Allerdings lassen sich auf diese Weise keine komplexeren Zusammenhänge bzgl. des Nachrichtenaustausches darstellen. So könnte man beispielsweise nicht darstellen, dass der Bewerber nach der Eingangsbestätigung entweder eine Einladung oder eine Absage erhält, und die Fragen und Antworten des Bewerbungsgesprächs nur dann ausgetauscht werden, wenn vorher eine Einladung versandt wurde.

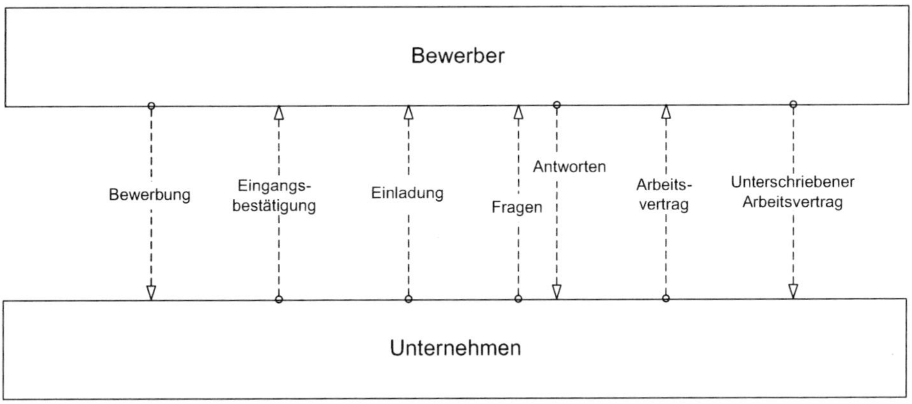

Abbildung 54: Hier ist nur die Choreographie zwischen Bewerber und Unternehmen modelliert

5.4 Private und öffentliche Prozesse

Im Fällen komplexer Zusammenhänge beim Nachrichtenaustausch kann ein Unternehmen nicht auf die Abbildung des eigenen Prozesses verzichten. Denn nur so kann der Geschäftspartner den Sequenzfluss ansehen und somit z. B. auch erkennen, dass eine bestimmte Nachricht nur unter gewissen Bedingungen versandt wird.

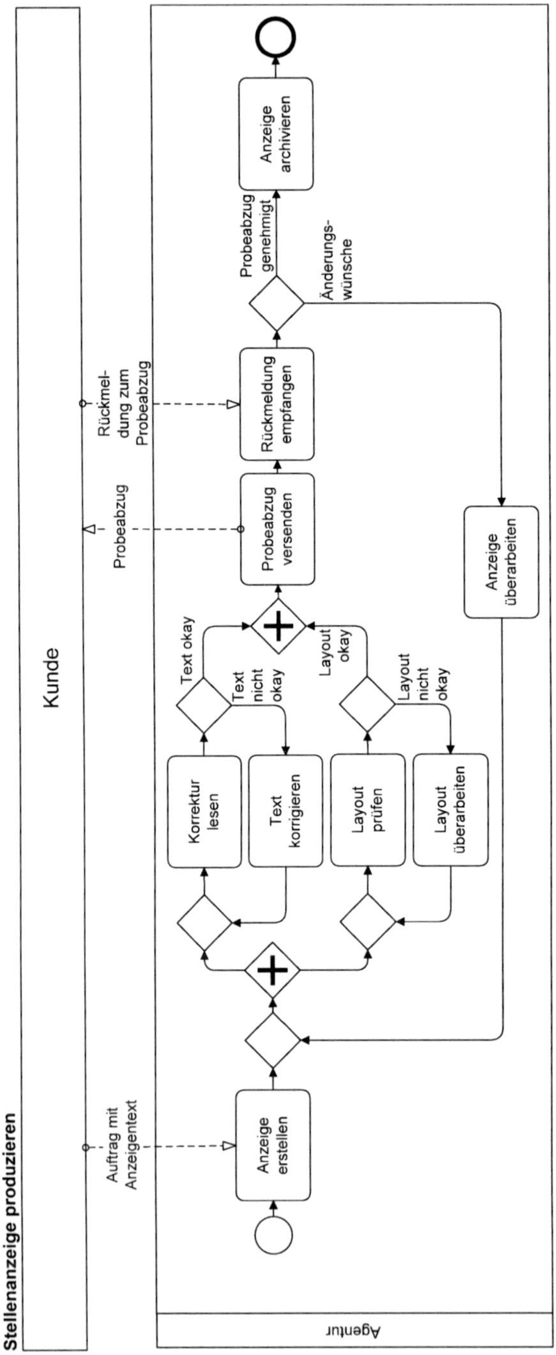

Abbildung 55: Beispiel für einen privaten Prozess

Enthält der Prozess aber Details, die für den Geschäftspartner nicht von Bedeutung sind, oder die das Unternehmen geheim halten möchte, so gibt es auch die Möglichkeit, lediglich eine vereinfachte Sicht auf den Prozess darzustellen. Diese vereinfachte Abbildung des Prozesses, wie er sich für Geschäftspartner darstellt, wird auch als öffentlicher oder abstrakter Prozess bezeichnet. Entsprechend wird der interne Prozess mit allen Details auch privater Prozess genannt.

Abbildung 55 zeigt ein Beispiel für einen privaten Prozess. Hier wird im Detail dargestellt, wie eine Agentur eine Stellenanzeige produziert und welche Nachrichten dabei mit dem Kunden ausgetauscht werden.

Hierbei gibt es eine Reihe von Aktivitäten und Schleifen, die im Detail für den Kunden nicht interessant sind, wie z. B. das evtl. mehrfache Prüfen und Überarbeiten von Text und Layout sowie das Archivieren der Anzeige.

Was ihn hingegen interessiert, sind die auszutauschenden Nachrichten. Würde man allerdings nur den reinen Nachrichtenaustausch ohne den Prozess darstellen, so würde man nicht sehen, dass auf die Rückmeldung zum Probeabzug ggf. ein neuer Probeabzug versandt wird, auf die wiederum eine Rückmeldung vom Kunden erwartet wird, usw.

Der in Abbildung 56 gezeigte öffentliche Prozess verzichtet auf die für den Kunden uninteressanten Details und stellt lediglich die Aktivitäten dar, die die Choreographie beeinflussen. Es handelt sich somit um die Sicht des Kunden auf den Prozess aus Abbildung 55.

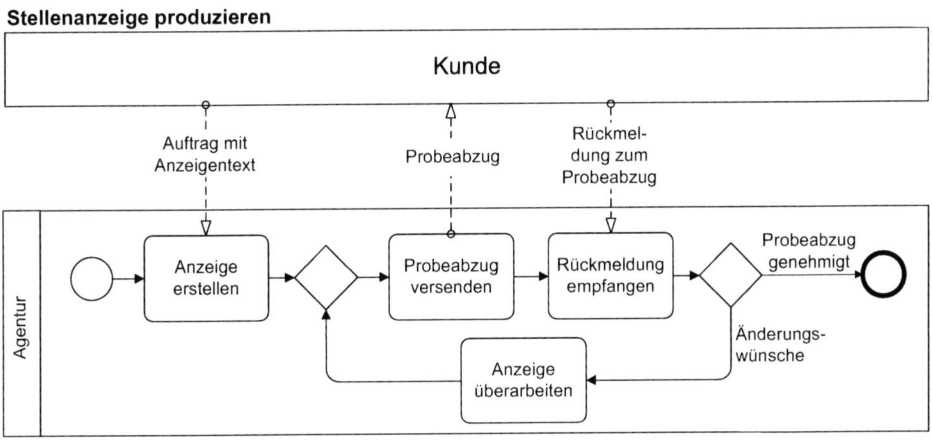

Abbildung 56: Der öffentliche Prozess zum privaten Prozess aus Abbildung 55

Für die Erstellung eines öffentlichen Prozesses aus einem privaten Prozess (oder umgekehrt) sind keine genauen Regeln definiert. Lediglich das externe Verhalten bzgl. des Nachrichtenaustauschs von öffentlichem und privatem Prozess muss gleich sein.

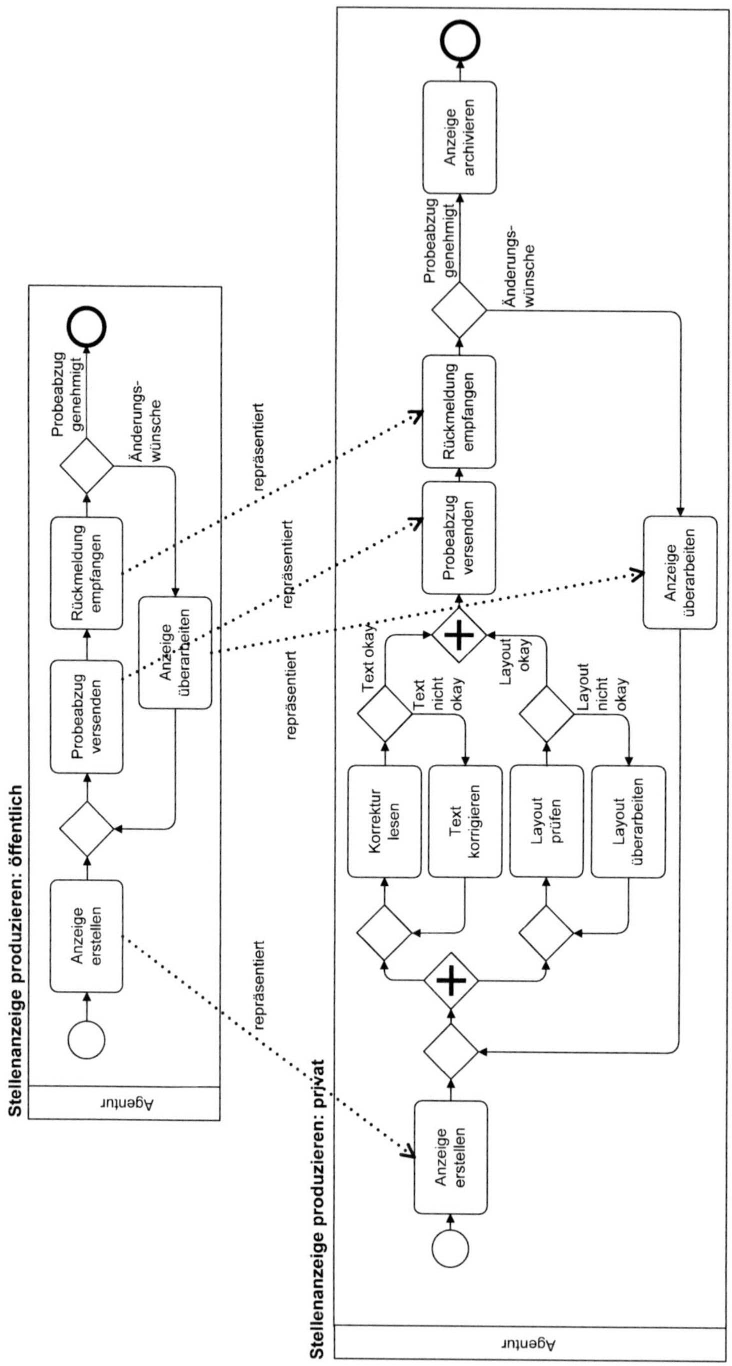

Abbildung 57: Zusammenhang zwischen öffentlichem und privatem Prozess

Typische Aktionen beim Übergang von einem privaten zu einem öffentlichen Prozess sind die Zusammenfassung mehrerer Modell-Elemente zu aggregierten Aktivitäten sowie das Entfernen von nicht benötigten Elementen. So wurden im obigen Beispiel bei der Ableitung des öffentlichen Prozesses die parallelen Schleifen mit den Aktivitäten „Korrektur lesen“ und „Text korrigieren“ bzw. „Layout prüfen“ und „Layout überarbeiten“ sowie die Aktivität „Anzeige archivieren“ weggelassen.

Wird ein Prozess sowohl als privater als auch als öffentlicher Prozess dargestellt, so kann man die Beziehungen zwischen diesen beiden Darstellungen mit Hilfe von sogenannten Assoziationen darstellen. Assoziationen stellen anders als Nachrichten- oder Sequenzflüsse keine Fluss- oder Ablauf-Informationen dar, sie setzen lediglich verschiedene Elemente miteinander in Beziehung.

Eine derartige Zuordnung ist in Abbildung 57 gezeigt. Hier ist für die Aktivitäten des öffentlichen Prozesses dargestellt, welche Aktivitäten des privaten Prozesses sie repräsentieren. Die Angabe „repräsentiert“ an den Assoziationen ist nicht durch die BPMN vorgegeben, es handelt sich vielmehr um eine vom Modellierer vergebene Benennung.

Im vorliegenden Fall ist diese Darstellung an und für sich überflüssig, da die Bezeichnungen der einander entsprechenden Aktivitäten gleich sind. Generell wird diese Darstellung selten verwendet, die BPMN-Spezifikation nennt diese Möglichkeit der Zuordnung mit Hilfe von Assoziationen, stellt jedoch selbst kein Beispiel dar. Wünschenswert wäre es, wenn BPMN-Modellierungswerkzeuge eine Unterstützung bei der Erstellung von privaten und öffentlichen Prozessen bieten würden, etwa indem öffentliche Prozesse einfach als Sicht auf private Prozesse verwaltet werden. Ansonsten müssen Änderungen immer manuell in beiden Darstellungen durchgeführt werden. Allerdings bieten gängige Tools derzeit keine entsprechenden Funktionalitäten an.

5.5 Verwendung von Choreographien und Sequenzflüssen

Es liegt relativ nahe, die Zusammenarbeit verschiedener Unternehmen in Form von Choreographien zu modellieren. Andererseits müssen Pools nicht zwangsläufig Unternehmen darstellen. Stattdessen können sie auch für Abteilungen oder technische Systeme stehen. Insofern könnte man z. B. auch einen abteilungsübergreifenden Prozess nicht nur in einem Pool mit mehreren Bahnen modellieren, sondern auch, indem jede Abteilung einen eigenen Prozess erhält, und diese Prozesse mittels Nachrichtenflüssen kommunizieren.

In welchen Fällen sollte man nun mehrere Pools und Nachrichtenflüssen verwenden, in welchen dagegen einen einzigen Pool mit mehreren Bahnen?

Das entscheidende Kriterium für einen Pool ist, dass der Prozess innerhalb des Pools als Ganzes festgelegt bzw. gesteuert wird. Modelliert man Prozesse, die von der Process Engine eines Workflow Management- oder Business Process Management-Systems ausgeführt werden sollen, so ist dies recht einfach zu entscheiden: Der von der Process Engine gesteuerte Ablauf befindet sich innerhalb eines Pools. Interagiert das System bei der Ausführung des Prozesses mit einem anderen, separat gesteuerten Prozess, so befindet sich dieser in einem anderen Pool, und die Kommunikation erfolgt in Form von ausgetauschten Nachrichten. Alles, was innerhalb eines Pools ist, wird in diesem Fall von einer zentralen Einheit, der Process Engine, als Ganzes gesteuert.

Auch mehrere Prozesse innerhalb derselben Process Engine werden in verschiedenen Pools dargestellt, wenn sie in Form individuell gesteuerter Prozessinstanzen ablaufen, die lediglich durch den Austausch von Daten miteinander kommunizieren.

Modelliert man Prozesse, die nicht oder nicht ausschließlich von Process Engines ausgeführt werden, so entfällt zumeist eine solche zentrale Einheit, die jeden Schritt in dem Prozess steuert. Doch auch für solche Prozesse lässt sich eine Umgebung bestimmen, innerhalb der sich die Hoheit für diesen Prozess befindet, typischerweise ein Unternehmen oder auch ein Unternehmensbereich.

Werden in einem Unternehmen die Prozesse abteilungsübergreifend gestaltet, so ist die Darstellung eines Unternehmens-Pools mit mehreren Abteilungs-Bahnen geeignet. Legt hingegen jede Abteilung ihre eigenen Prozesse völlig unabhängig fest, wobei lediglich die auszutauschenden Informationen mit anderen Abteilungen ausgehandelt werden, so könnte man diese auch in Form mehrerer, über Nachrichtenflüssen verbundenen Pools modellieren. Allerdings widerspricht dies komplett dem Prozessmanagement-Gedanken, der eine möglichst durchgängige Betrachtung und Verbesserung unternehmensweiter Prozesse anstrebt. Legt man bereits im Vorfeld unveränderliche Schnittstellen zwischen den Abteilungen fest, so werden abteilungsübergreifende Prozessverbesserungen weitgehend verhindert.

Bei unternehmensübergreifenden Prozessen liegt die Hoheit über die internen Prozesse normalerweise bei jedem beteiligten Unternehmen selbst. Hier ist die Modellierung in Form einer Choreographie naheliegend.

Andererseits kann es auch Fälle geben, in denen es sinnvoll ist, einen unternehmensübergreifenden Prozess komplett mit Sequenzflüssen und innerhalb eines Pools darzustellen. Der Pool repräsentiert in diesem Fall das Netzwerk der kooperierenden Partner. Dies ist dann sinnvoll, wenn im Rahmen einer engen Kooperation die übergreifenden Prozesse gemeinsam gestaltet werden. Solche engen Kooperationen finden sich etwa im Rahmen der Zulieferer-Integration von Automobilherstellern, bei Arbeitsgemeinschaften und Konsortien von Unternehmen, sowie bei virtuellen Unternehmen. Da der Prozess gemeinsam gestaltet wird, gibt es eine Hoheit über den Gesamtprozess, die von den beteiligten Partnern gemeinsam ausgeübt wird.

Werden die Prozesse der beteiligten Partner unabhängig gestaltet, so führt vielleicht ein Lieferant vor dem Versand seiner Lieferung eine Qualitätskontrolle seiner Ware durch, und der Kunde führt anschließend nach Erhalt der Ware ebenfalls eine Qualitätskontrolle durch. Betrachtet man lediglich die Choreographie und jeweils den Einzelprozess eines Partners, so erkannt man nicht, dass hier aus Sicht des Gesamtprozesses die gleiche Aktivität zweimal hintereinander durchgeführt wird. Beschließen die beiden Partner, den Gesamtprozess gemeinsam zu optimieren, so zeigt die Darstellung mittels Sequenzflüssen in einem Pool deutlich die Doppelarbeit. Im optimierten Prozess führt nur noch ein Partner die Qualitätskontrolle durch. Das funktioniert natürlich nur, wenn sich der

Kunde darauf verlassen kann, dass die Qualitätskontrolle beim Lieferanten zuverlässig durchgeführt wird.

Im zweiten Schritt, wenn es darum geht, die einzelnen Teilprozesse bei den jeweiligen Partnern detailliert zu entwickeln und durch Informationssysteme zu unterstützen, bietet sich wiederum die Darstellung von getrennten Pools und Nachrichtenflüssen an.

Die Frage nach einem gemeinsamen Pool mit Sequenzflüssen oder mehreren getrennten Pools mit Nachrichtenflüssen lässt sich also nicht allgemeingültig beantworten, sie ist je nach Situation und Modellierungszweck unterschiedlich zu entscheiden.

6 Ereignisse

Ein Ereignis (engl. „Event“) drückt aus, dass etwas passiert ist. Es markiert einen Zeitpunkt, hat im Gegensatz zu einer Aktivität selbst also keine Dauer. Bei der Modellierung von Ereignissen werden zwei Aspekte betrachtet: Die Ursache oder der Auslöser des Ereignisses und seine Auswirkung im Prozess.

Beispiele für typische Auslöser von Ereignissen:

- Eine Nachricht (z. B. eine E-Mail oder ein Brief) trifft ein.
- Ein bestimmter Zeitpunkt ist erreicht.

  Ein solches Ereignis und seine Auswirkung erlebt jeder, dessen Wecker morgens zu einer vorher eingestellten Uhrzeit klingelt.
- Eine bestimmte Zeitdauer ist zu Ende.

  Im Gegensatz zum absoluten Zeitpunkt wird hier die relative Zeitdauer in Bezug auf ein anderes Ereignis oder das Ende einer vorangehenden Aktivität betrachtet. So wird etwa eine Küchenuhr auf eine bestimmte Backzeit eingestellt, wenn ein Kuchen in den Ofen geschoben wurde. Das Klingeln der Küchenuhr markiert das Ereignis „Backzeit beendet“, auf das weitere Aktivitäten bei der Zubereitung des Kuchens folgen.
- Eine Bedingung wird wahr.

  Eine solche Bedingung könnte lauten „die Temperatur beträgt mindestens 30°C“. Bei Erreichen dieser Temperaturgrenze kann es etwa erforderlich sein, eine Kühlung einzuschalten. Ein anderes Beispiel ist die Festlegung von „Stopp-Loss“-Grenzen in Aktien-Depots. Um gravierende Verluste zu verhindern, kann man für jede Aktie einen Kurswert festlegen, bei dessen Unterschreiten die Bank die betreffende Aktie automatisch verkauft.
- Ein Fehler tritt auf.

  So kann etwa der Ausfall eines Systems bestimmte Prozess-Schritte zur Wiederherstellung des Systems erforderlich machen. Ggf. müssen auch „Workarounds“ zur Erledigung dringender Aufgaben ohne das System durchgeführt werden. So können etwa eingehende Aufträge vorübergehend handschriftlich notiert werden. Ihre Erfassung wird dann später nachgeholt, wenn das System wieder hergestellt ist.

  Weitere Beispiele für Fehler resultieren etwa aus unvollständigen bzw. widersprüchlichen Daten oder einer Nachricht, die nicht zugestellt werden kann.

In den Beispielen der vorangehenden Kapitel wurden bereits Start- und End-Ereignisse verwendet. Ereignisse können aber auch innerhalb eines Prozesses eine Rolle spielen, sie werden dann als Zwischen-Ereignisse (engl. „Intermediate Event") modelliert. Abbildung 58 zeigt die Symbole für die unterschiedlichen Ereignis-Typen: Das Start-Ereignis wird als Kreis mit einfacher Linie dargestellt, beim Zwischen-Ereignis kommt eine zweite Kreislinie hinzu, beim End-Ereignis ist der Raum zwischen den beiden Linien ausgefüllt, so dass eine dicke Umrandung entsteht.

Abbildung 58: Start-, Zwischen- und End-Ereignis

Die dargestellten Grund-Symbole können bei Bedarf noch mit Icons für unterschiedliche Auslöser, wie z. B. Nachrichten oder Zeitpunkte versehen werden.

6.1 Beispiel für den Einsatz von Ereignissen

In Abbildung 60 werden die unterschiedlichen Einsatzmöglichkeiten von Ereignissen am Beispiel der Erstellung und Bearbeitung einer Bewerbung gezeigt. Dieser Kollaborationsprozess wird nun ausschnittsweise betrachtet. Der Ausschnitt in Abbildung 59 zeigt den Beginn des Prozesses mit einem Start-Ereignis. Der Auslöser dieses Ereignisses ist nicht näher bestimmt. In der Regel wird ein solcher Prozess durch einen Prozess-Beteiligten gestartet, in diesem Fall durch den Bewerber.

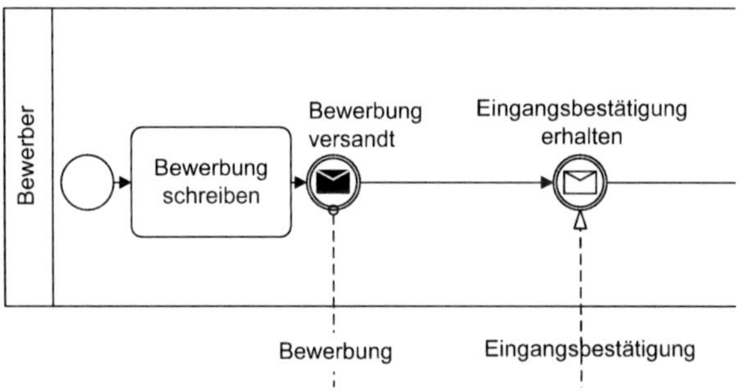

Abbildung 59: Anfang des Bewerber-Prozesses (Ausschnitt aus Abbildung 60).

Im Anschluss an die Aktivität „Bewerbung schreiben" tritt das Zwischen-Ereignis „Bewerbung versandt" ein. Es ist als ein Nachrichten-sendendes Zwischen-Ereignis gekennzeichnet und verfügt über den ausgehenden Nachrichtenfluss „Bewerbung". Es folgt das Nachrichten-empfangende Zwischen-Ereignis „Eingangsbestätigung erhalten" mit dem eingehenden Nachrichtenfluss „Eingangsbestätigung". Dieses Ereignis tritt erst ein, wenn tatsächlich eine Eingangsbestätigung empfangen wird. Solange wird an dieser Stelle gewartet, d. h. es liegt eine Marke an dem Ereignis, die erst bei erfolgtem Nachrichten-Eingang weitergeleitet wird.

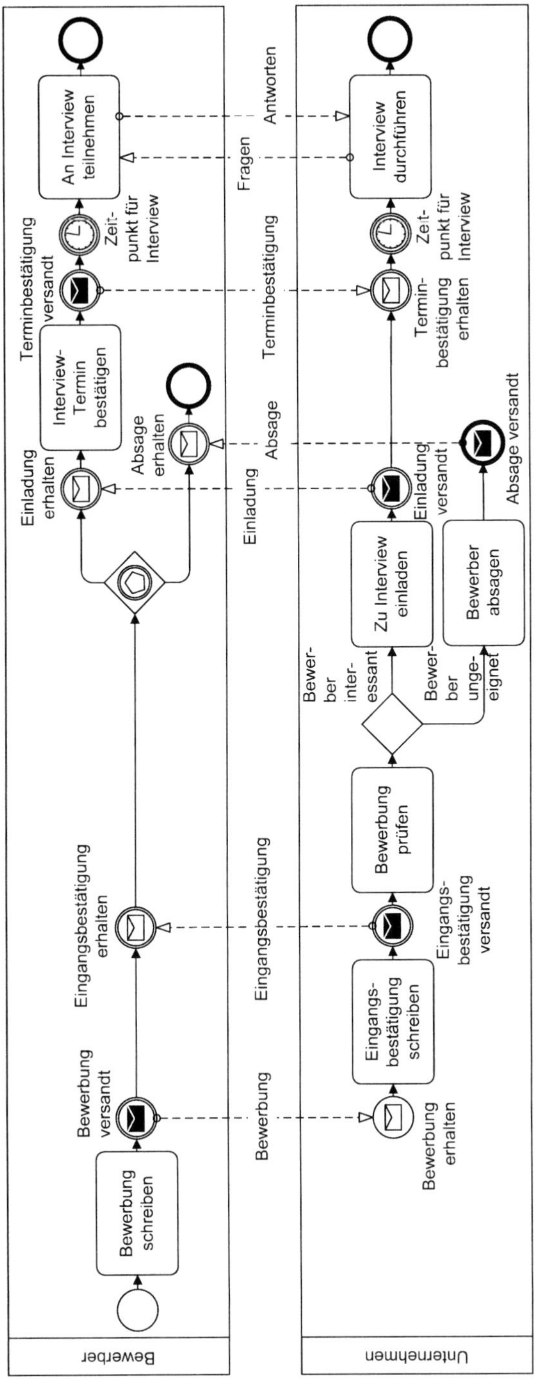

Abbildung 60: Beispiel für den Einsatz von Ereignissen

Was passiert in dieser Choreographie nun bei dem anderen Beteiligten, dem Unternehmen? Wie der Ausschnitt in Abbildung 61 zeigt, wird der gesamte Prozess durch ein Nachrichten-empfangendes Start-Ereignis ausgelöst. Jedesmal, wenn eine Bewerbung eintrifft, wird eine neue Prozessinstanz erzeugt. In dieser wird zunächst eine Eingangsbestätigung geschrieben. Es folgt das resultierende Zwischen-Ereignis „Eingangsbestätigung versandt". Danach geht es direkt mit der Aktivität „Bewerbung prüfen" weiter.

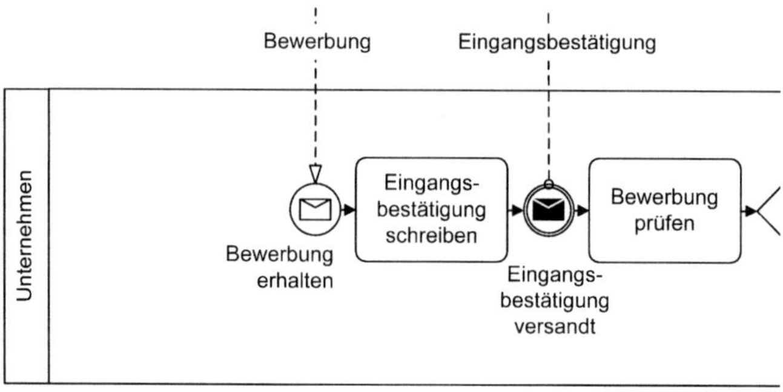

Abbildung 61: Anfang des Unternehmens-Prozesses (Ausschnitt aus Abbildung 60).

Das Versenden der Nachricht „Eingangsbestätigung" hat eine direkte Auswirkung auf den Prozess des Bewerbers. Dort hat das Zwischen-Ereignis „Eingangsbestätigung erhalten" auf das Erhalten der Nachrichten gewartet. Nun kann der Sequenzfluss im Bewerber-Prozess weitergeführt werden.

Das Modell weist hier einen Nachteil auf: Geht nämlich keine Eingangsbestätigung ein, so kann der Prozess des Bewerbers nicht fortgesetzt werden. Würde das Unternehmen seinen Prozess ändern und keine Eingangsbestätigung versenden, sondern direkt eine Einladung zum Bewerbungsgespräch, so könnte der Bewerber-Prozess dies nicht verarbeiten.

Das weitere Vorgehen auf Seiten des Unternehmens wird im Ausschnitt der Abbildung 62 gezeigt. Im Anschluss an die Aktivität „Bewerbung prüfen" verzweigt ein exklusiver Gateway. Ist der Bewerber ungeeignet, so wird der Prozess mit dem End-Ereignis „Absage versandt" abgeschlossen. Hierbei handelt es sich um ein Nachrichten-sendendes End-Ereignis. Mit dem Prozess-Ende wird also noch die Nachricht „Absage" versandt.

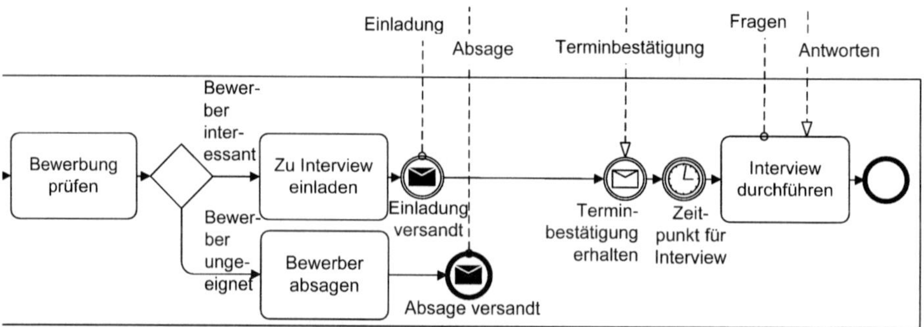

Abbildung 62: Zweiter Teil des Unternehmens-Prozesses (Ausschnitt aus Abbildung 60).

Ist der Bewerber hingegen interessant, so wird er zum Interview eingeladen. Der betreffende Nachrichtenfluss geht vom Zwischen-Ereignis „Einladung versandt“ aus. Es folgt das Nachrichten-empfangende Zwischen-Ereignis „Terminbestätigung erhalten“, bei dem auf das Eintreffen einer Nachricht gewartet wird.

Bei dem folgenden zeitlichen Zwischen-Ereignis „Zeitpunkt für Interview“ wird erneut gewartet, und zwar solange, bis der betreffende Zeitpunkt erreicht ist. Anschließend wird die Aktivität „Interview durchführen“ ausgeführt. Es folgt ein unbestimmtes End-Ereignis, das lediglich das Ende des Ablaufs markiert, im Gegensatz zu dem anderen End-Ereignis „Absage versandt“ aber keine Nachricht verschickt.

Aufgrund des exklusiven Gateways in Abbildung 62 versendet das Unternehmen entweder eine Einladung oder eine Absage. Im Prozess des Bewerbers muss auf diese beiden Alternativen reagiert werden. In dem in Abbildung 63 gezeigten Prozess-Ausschnitt wird hierzu ein Ereignis-basierter exklusiver Gateway verwendet.

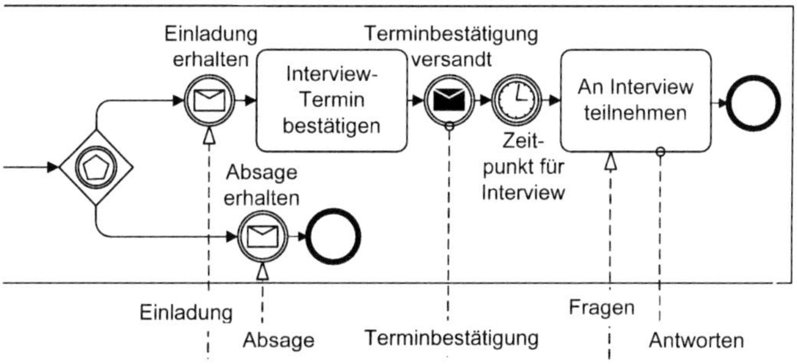

Abbildung 63: Zweiter Teil des Bewerber-Prozesses (Ausschnitt aus Abbildung 60).

Bei diesem Gateway wird derjenige Pfad gewählt, dessen Zwischen-Ereignis zuerst eintritt. Geht als erstes eine Absage ein, so wird der untere Pfad gewählt, und der Prozess endet mit einem unbestimmten End-Ereignis. Kommt hingegen eine Einladung an, so tritt das Ereignis „Einladung erhalten“ zuerst ein, und der obere Pfad wird gewählt. Auf diesem Pfad wird der Interview-Termin bestätigt, worauf die Terminbestätigung versandt ist. Anschließend wartet der Bewerber – ebenso wie das Unternehmen in seinem Prozess – auf den Zeitpunkt für das Interview. Schließlich nimmt er am Interview teil, bevor der Prozess mit einem unbestimmten End-Ereignis endet.

6.2 Start-Ereignisse

Das am häufigsten auftretende Start-Ereignis (engl. „Start Event“) ist wohl das unbestimmte. Bei ihm ist der Auslöser nicht im Einzelnen bekannt, oder er spielt keine Rolle. Häufig ergibt er sich auch aus dem Zusammenhang. Bei dem oben beschriebenen Bewerbungs-Prozess ist es naheliegend, dass der Prozess durch den Bewerber ausgelöst wird.

Der Auslöser für das Start-Ereignis befindet sich häufig außerhalb des Prozesses. Bei Workflow Management-Systemen werden die Prozesse, die ein Benutzer aufgrund seiner Rolle und Berechtigungen starten kann, zumeist in einer Liste angezeigt. Dort wählt er den gewünschten Prozess aus und startet ihn. Hierdurch wird im Prozess das Start-Ereignis ausgelöst.

Ein Prozess kann auch als Unterprozess in einen anderen Prozess eingebunden sein (vgl. Abschnitt 7.1). Sobald der Unterprozess im übergeordneten Prozess erreicht wird, wird damit in diesem Unterprozess automatisch das unbestimmte Start-Ereignis aktiviert.

Neben den unbestimmten Start-Ereignissen spielen insbesondere zeitliche Start-Ereignisse sowie Nachrichten-empfangende Start-Ereignisse eine Rolle in vielen BPMN-Modellen. Wird etwa bei der Organisation einer Veranstaltung der Zeitpunkt für den Anmeldeschluss erreicht, so wird hierdurch ein Prozess gestartet, in dem zunächst eine Teilnehmerliste erstellt wird, bevor weitere Planungsaktivitäten folgen (Abbildung 64, Mitte). Eine Auftragsbearbeitung hingegen wird durch das Eintreffen eines Auftrags gestartet (Abbildung 64, rechts).

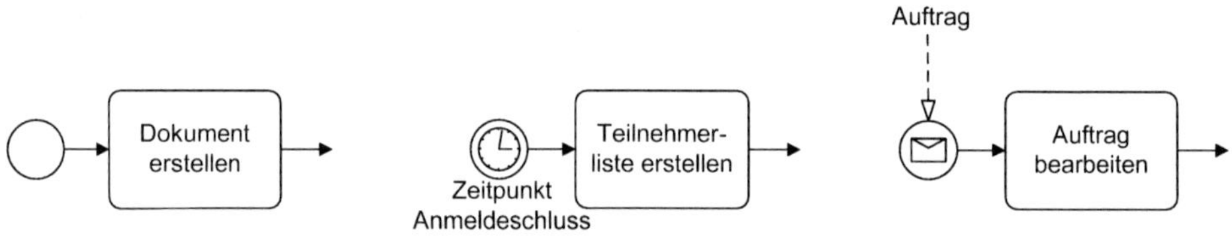

Abbildung 64: Unbestimmtes, zeitliches und durch eine Nachricht ausgelöstes Start-Ereignis

Abbildung 65 zeigt weitere Typen von Start-Ereignissen, die allerdings seltener benötigt werden. Links ist ein Bedingungs-Ereignis (engl. „Conditional Event") dargestellt. Es startet einen Prozess, sobald die zugehörige Bedingung eintrifft. Beispielsweise kann ein Prozess zur Bereitstellung von zusätzlichen Ressourcen (z. B. Mitarbeiter oder Rechenkapazität) dann gestartet werden, wenn die Auslastung der vorhandenen Ressourcen über 90% steigt.

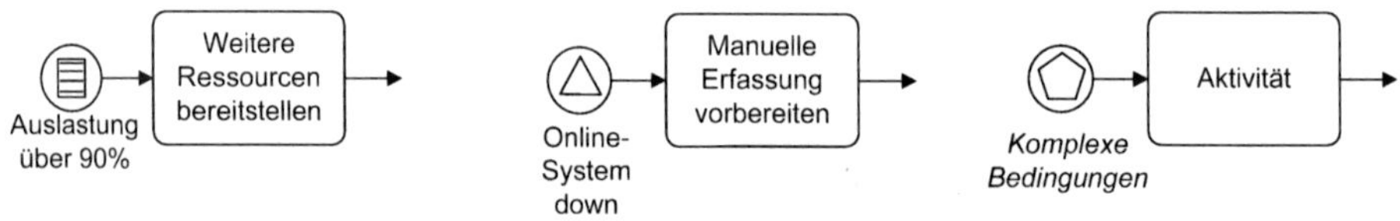

Abbildung 65: Weitere Start-Ereignisse: Bedingung, Signal, mehrfache Auslöser

Das in der Mitte gezeigte Start-Ereignis wird dann ausgelöst, wenn ein Signal eintrifft. Im Gegensatz zu einer Nachricht, die immer an einen bestimmten Empfänger gesendet wird, wird ein gesendetes Signal überall hin verbreitet. Das Signal, das den Prozess starten soll, kann sowohl aus demselben Pool als auch aus einem anderen Pool und aus einem ganz anderen Prozess stammen. Ein solches Signal könnte etwa versandt werden, um der Allgemeinheit mitzuteilen, dass ein Computer-System nicht zur Verfügung steht („Online-System down"). Hierauf muss u. U. in verschiedenen Prozessen reagiert werden. Im Beispiel wird als Reaktion auf den Systemausfall ein Prozess gestartet, in dem eine manuelle Erfassung von Daten durchgeführt wird.

Schließlich gibt es noch ein Symbol für Start-Ereignisse mit mehreren Auslösern (Abbildung 65, rechts), die ggf. mittels komplexen Bedingungen verknüpft sind, so dass man dies nicht sinnvoll durch eine Kombination anderer Ereignis-Typen darstellen kann.

Ein Prozess kann auch mehrere Start-Ereignisse haben. In diesem Fall startet der Prozess bei Eintreten eines dieser Ereignisse. So startet der Prozess in Abbildung 66 sowohl beim Eintreffen einer Berichtsanforderung als auch am Monatsende. Geht eine Berichtsanforderung ein, so wird zunächst ein individueller Berichtszeitraum eingestellt, bevor ein Bericht erstellt wird. Am Monatsende hingegen wird direkt die Erstellung eines Berichtes aktiviert. Auch wenn einmal beide Ereignisse gleichzeitig eintreffen sollten, so werden doch zwei voneinander unabhängige Prozessinstanzen gestartet.

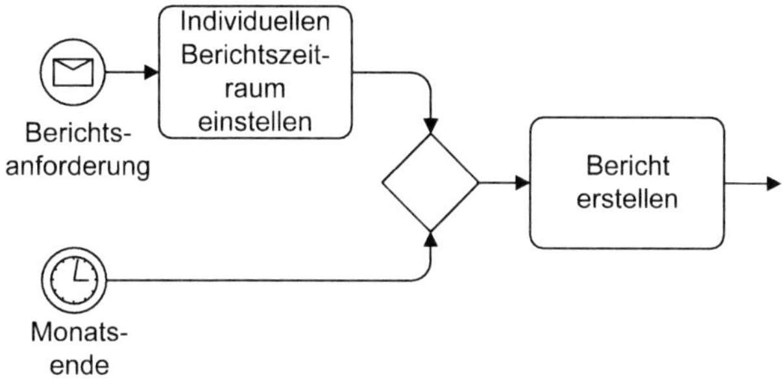

Abbildung 66: Mehrere Start-Ereignisse

Hat ein Prozess mehrere Start-Ereignisse, so sollte nicht mehr als eines davon ein unbestimmtes Ereignis sein, d. h. ein Kreis ohne Symbol darin. Wird der Prozess nämlich „von außen" gestartet, z. B. durch eine Process Engine oder durch den Prozessausführenden, so startet der Prozess bei seinem unbestimmten Start-Ereignis. Hat er mehrere davon, so ist nicht eindeutig definiert, an welchem dieser unbestimmten Start-Ereignisse es los gehen soll.

Verwendet man hingegen mehrere Start-Ereignisse mit einem bestimmten Typ (z. B. zeitlich oder Nachrichten-Empfang), so lässt sich deren Eintreten eindeutig bestimmen, und es ist klar, an welcher Stelle der Prozess jeweils startet.

Ein Prozess mit einem unbestimmten Start-Ereignis und zusätzlich einem oder mehreren Start-Ereignissen mit einem Typ-Symbol startet bei einem Anstoß von außen beim unbestimmten Start-Ereignis. Alternativ kann eines der anderen Ereignisse (z. B. ein Nachrichten-Eingang) ebenfalls zum Start des Prozesses führen. Wird der Prozess in Abbildung 67 von außen ausgelöst, z. B. indem ein Sachbearbeiter den Prozess in einem Workflow-System auswählt und ihn startet, so beginnt er mit dem unbestimmten Start-Ereignis, und es wird zunächst die Aktivität „Bestellung manuell erfassen" durchgeführt. Alternativ kann der Prozess durch das Eintreffen einer elektronischen Bestellung und damit durch das Nachrichten-empfangende Start-Ereignis ausgelöst werden.

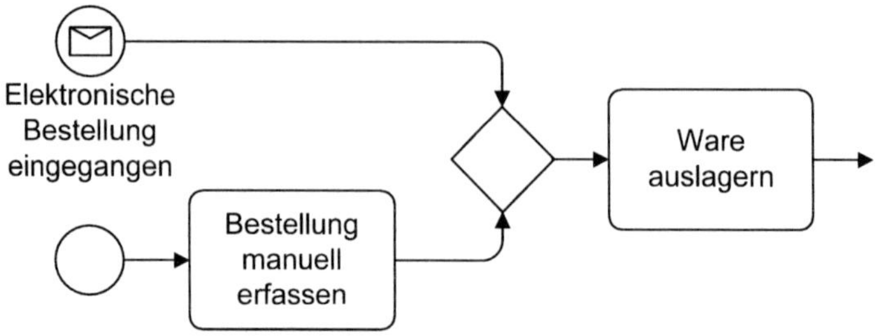

Abbildung 67: Ein unbestimmtes und ein Nachrichten-empfangendes Start-Ereignis

Prinzipiell könnte man sich vorstellen auch mehrere unbestimmte Start-Ereignisse zu verwenden und diese durch verschiedene Benennungen zu unterscheiden. Allerdings sieht die BPMN keinen speziellen Mechanismus vor, nachdem etwa ein mit einem Namen versehenes End-Ereignis eines Prozesses automatisch das gleichnamige Start-Ereignis eines anderen Prozesses auslösen würde. Andererseits werden in anderem Zusammenhang durchaus sendende und empfangende Ereignisse über ihre Bezeichnungen miteinander in Beziehung gesetzt. Da die BPMN die Verwendung mehrerer unbestimmter Start-Ereignisse nicht ausschließt, könnte man somit die Verbindung von gleichnamigen End- und Start-Ereignissen als individuelle Modellierungskonvention festlegen. Allerdings kann man dann nicht davon ausgehen, dass andere BPMN-kundige Leser dies genauso interpretieren, bzw. dass Modellierungstools dies unterstützen.

In Abbildung 68 soll der Prozess „Einführung in neue Stelle“ sowohl nach Abschluss des Prozesses „Neueinstellung“, als auch nach Abschluss des Prozesses „Stellenwechsel“ gestartet werden. Die zu Beginn durchzuführenden Aktivitäten unterscheiden sich je nach vorangehendem Prozess. Über die Bezeichnungen der Start-Ereignisse lässt sich die Verbindung herstellen. Um sie leichter zu finden, empfiehlt es sich, die jeweils vorangehenden Prozesse in Anmerkungen an den Start-Ereignissen anzugeben.

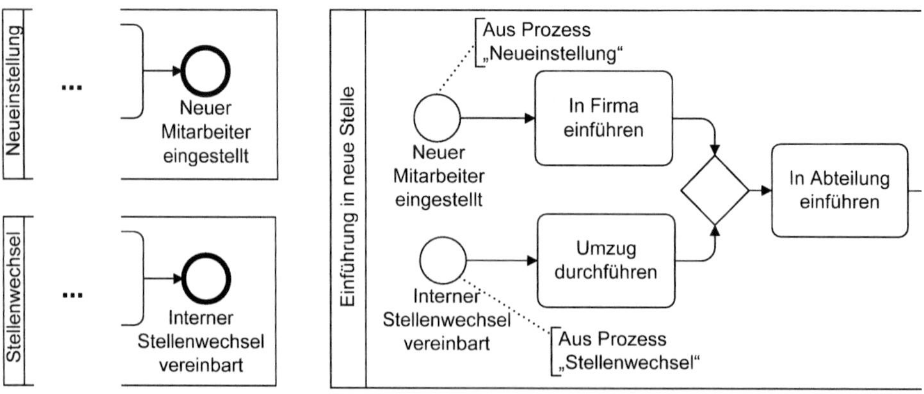

Abbildung 68: Verbindung mehrerer Prozesse über gleichnamige Start- und End-Ereignisse

Verzichtet man auf die Verwendung mehrerer unbestimmter Start-Ereignisse, so lassen sich unterschiedliche Fälle natürlich auch über einen exklusiven Gateway darstellen, der auf das einzige unbestimmte Start-Ereignis folgt (Abbildung 69).

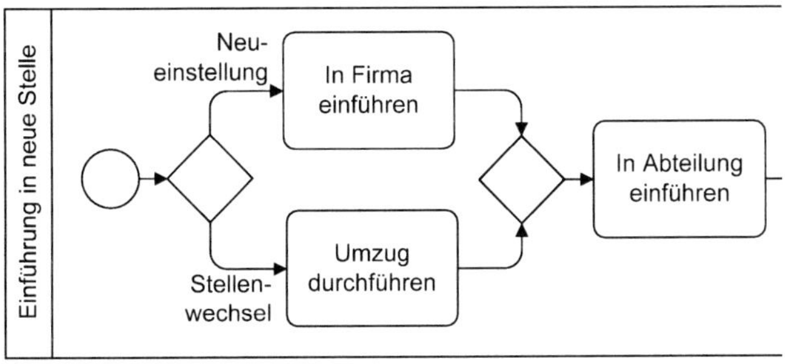

Abbildung 69: Verwendung eines exklusiven Gateways als Alternative zu Abbildung 68

Um darzustellen, dass die Prozesse aufeinander folgen, ist es in beiden Fällen erforderlich, diese als Unterprozesse in einem übergeordneten Prozess miteinander zu verbinden, wie in Abbildung 70 gezeigt. Das Pluszeichen bedeutet, dass es zu der Aktivität noch einen detaillierten Prozess gibt. Unterprozesse werden in Kapitel 7 erläutert.

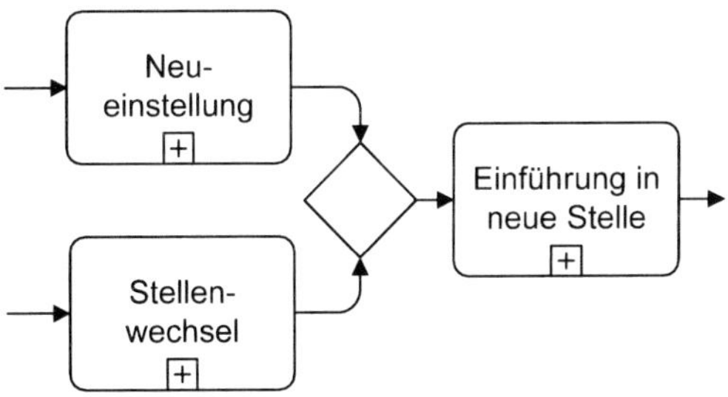

Abbildung 70: Verbindung der einzelnen Prozesse in einem übergeordneten Prozess

Die BPMN sieht auch die Möglichkeit vor, Prozesse ohne Start-Ereignisse zu modellieren. Dann enthält jede Aktivität ohne eingehenden Sequenzfluss ein implizites Start-Ereignis.

Beim Start des Prozesses werden dann gleichzeitig alle diese Aktivitäten mit implizitem Start-Ereignis durchgeführt. In Abbildung 71 werden zu Beginn des Prozesses parallel

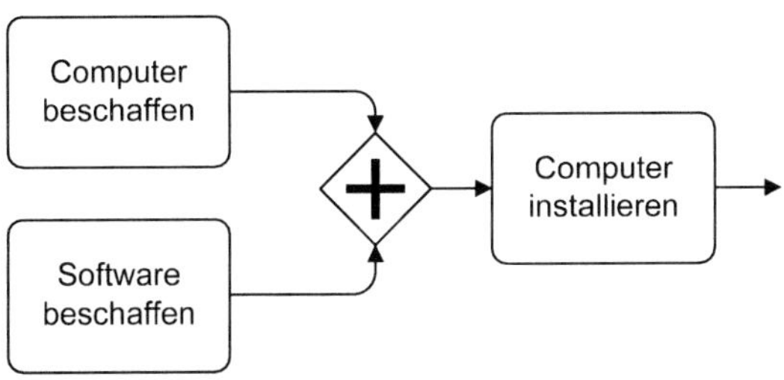

Abbildung 71: Prozess ohne Start-Ereignisse

sowohl ein Computer als auch Software beschafft. Die beiden entstehenden Marken werden dann in dem parallelen Gateway wieder zusammengeführt, bevor der Computer installiert wird. Der Modellausschnitt aus Abbildung 71 ist also gleichbedeutend mit dem aus Abbildung 72, wo die von einem expliziten Start-Ereignis erzeugte Marke zunächst durch einen parallelen Gateway aufgesplittet wird, so dass die Aktivitäten „Computer beschaffen“ und „Software beschaffen“ ebenfalls parallel durchgeführt werden.

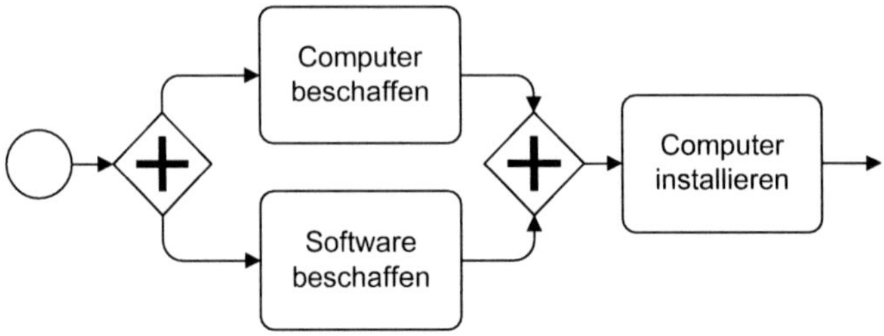

Abbildung 72: Der Prozess aus Abbildung 71 mit explizitem Start-Ereignis

Auch andere Elemente, die normalerweise einen eingehenden Sequenzfluss besitzen, erhalten ein implizites Start-Ereignis, wenn der eingehende Sequenzfluss fehlt. So verfügt der verzweigende Gateway in Abbildung 73 über ein solches implizites Start-Ereignis.

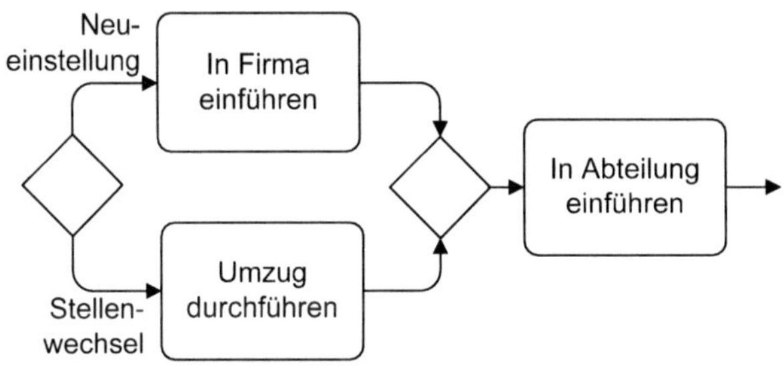

Abbildung 73: Auch Gateways können ein implizites Start-Ereignis haben

Man muss sich zwischen der Verwendung impliziter und expliziter Start-Ereignisse entscheiden. Gibt es mindestens ein explizites Start-Ereignis in einem Prozess, so darf es in dem Prozess nicht zugleich Aktivitäten o. ä. ohne eingehenden Sequenzfluss geben. Zumeist empfiehlt es sich, explizite Start-Ereignisse zu verwenden.

6.3 End-Ereignisse

End-Ereignisse (engl. „End Event“) werden wie bereits erläutert mit einem dicken Rand dargestellt. Neben dem unbestimmten End-Ereignis, das einfach eine ankommende Marke verschluckt (Abbildung 74, links), gibt es auch für das End-Ereignis spezielle Typen. In der Mitte von Abbildung 74 ist ein End-Ereignis dargestellt, das nicht nur eine ankommende Marke konsumiert, sondern zugleich noch eine Nachricht verschickt.

Das Brief-Symbol des Nachrichten-sendenden End-Ereignisses ist im Gegensatz zu dem im Nachrichten-empfangenden Start-Ereignis ausgefüllt. Dies gilt auch für andere Ereignis-Typen: Die Symbole sendender Ereignisse sind immer ausgefüllt, die zugehörigen empfangenden Ereignisse enthalten jeweils die gleichen Symbole, die aber nicht ausgefüllt sind.

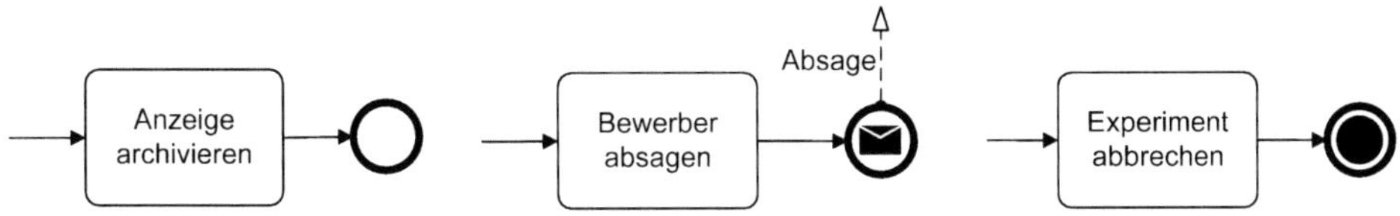

Abbildung 74: End-Ereignisse: unbestimmt, Nachrichten versendend und Terminierung

Das rechts dargestellte End-Ereignis vom Typ „Terminierung" unterscheidet sich vom unbestimmten End-Ereignis dadurch, dass es nicht nur eine ankommende Marke verschluckt, sondern dabei zugleich den gesamten Prozess beendet, indem es evtl. an anderer Stelle noch vorhandene weitere Marken ebenfalls entfernt.

Der Nutzen dieses Ereignisses wird deutlich, wenn man einen Prozess mit mehreren End-Ereignissen betrachtet. Einerseits kann es mehrere End-Ereignisse geben, von denen immer nur eines eintreten kann. In Abbildung 75 wird eine Bewerbung entweder per Post oder per E-Mail versendet. Entsprechend kann in einem Prozessdurchlauf nur eines der beiden End-Ereignisse eintreffen. Ist eines der End-Ereignisse eingetroffen, so ist damit auch der komplette Prozess beendet, denn es existiert keine Marke mehr in dem Prozess.

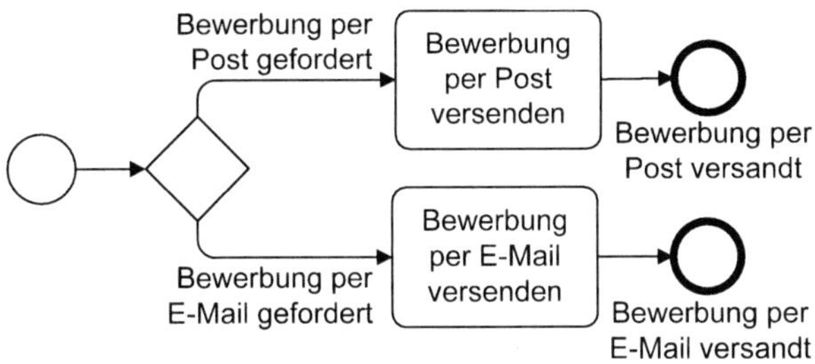

Abbildung 75: Mehrere End-Ereignisse, von denen nur eines eintrifft

In Abbildung 76 hingegen werden die beiden Aktivitäten „Grafik erstellen" und „Text erstellen" parallel durchgeführt. Die vom Start-Ereignis erzeugte Marke wird vom parallelen Gateway in zwei Marken aufgeteilt, die jeweils einen der beiden parallelen Pfade durchlaufen. Es treten daher beide End-Ereignisse ein, jedes verschluckt eine der beiden Marken.

Da die beiden Aktivitäten nicht unbedingt zeitgleich ausgeführt werden und auch nicht gleich lange dauern müssen, treten die beiden End-Ereignisse in der Regel nacheinander ein. Tritt beispielsweise das End-Ereignis „Grafik erstellt" zuerst ein, so verschluckt dies die eine ankommende Marke. Der Prozess ist aber noch nicht beendet, da noch eine

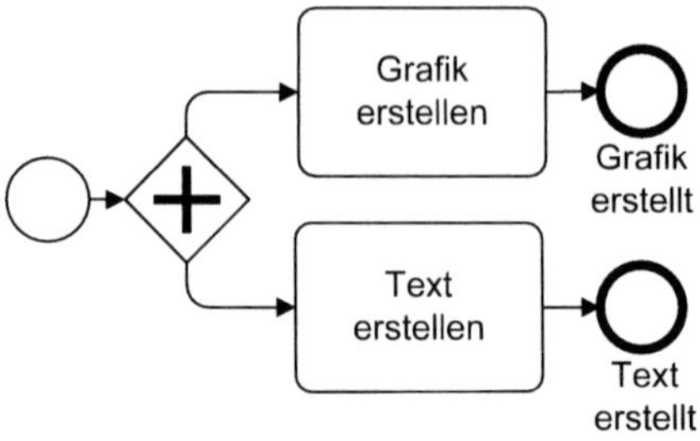

Abbildung 76: Mehrere End-Ereignisse, die alle eintreffen

zweite Marke auf dem unteren Pfad unterwegs ist. Erst wenn die letzte Marke ebenfalls von einem End-Ereignis verschluckt worden ist, ist der gesamte Prozess beendet.

Gelegentlich ist es jedoch erwünscht, dass beim Eintreffen eines End-Ereignisses sofort der gesamte Prozess abgebrochen wird. Ein Beispiel dafür findet sich in Abbildung 77. Hier werden wiederum vom parallelen verzweigenden Gateway zwei Marken über die beiden parallelen Sequenzflüsse weitergeleitet. Die Bewerbung wird inhaltlich geprüft, und parallel dazu wird geprüft, ob der Bewerber die formalen Voraussetzungen erfüllt. Sind beide Prüfungen positiv ausgefallen, so fließen beide Marken über die exklusiven Gateways zum zusammenführenden parallelen Gateway, der sie zusammenführt und eine Marke zum unbestimmten End-Ereignis „Bewerbung akzeptiert" schickt.

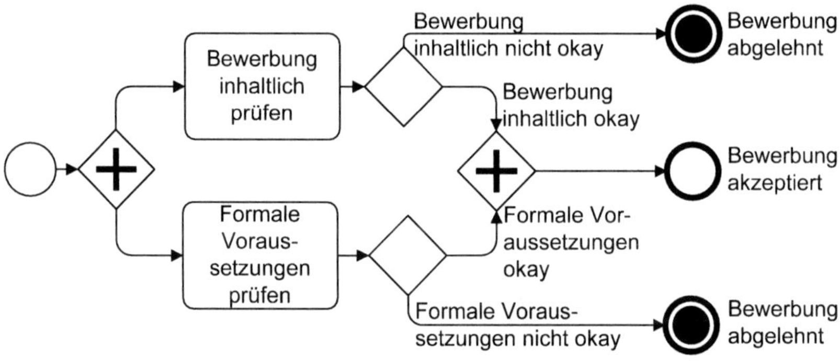

Abbildung 77: Terminierungs-End-Ereignisse beenden sofort den kompletten Prozess

Fällt hingegen eine der Prüfungen negativ aus, so fließt die betreffende Marke zum anderen Ausgang des jeweiligen exklusiven Gateways und von dort zum End-Ereignis „Bewerbung abgelehnt". Da es sich hierbei um End-Ereignisse vom Typ „Terminierung" handelt, wird die jeweils andere Marke ebenfalls entfernt und der Prozess sofort beendet.

Wenn eine der beiden Prüfungen negativ ausfällt, ist das Ergebnis der anderen Prüfung unerheblich – die Bewerbung wird auf jeden Fall abgelehnt. Daher kann der Prozess sofort beendet werden. Würde man unbestimmte End-Ereignisse verwenden, so würde die andere Marke noch weiterfließen. Wurde beispielsweise schon festgestellt, dass die Bewerbung inhaltlich nicht okay ist, so braucht die evtl. noch gar nicht begonnene formale Prüfung überhaupt nicht mehr durchgeführt werden. Durch das Terminierungs-Ereignis wird dies erreicht, indem die betreffende Marke entfernt wird.

Problematisch wäre bei der Verwendung unbestimmter End-Ereignisse vor allem der Fall, wenn eine der Prüfungen positiv und eine negativ ausfallen würden. Die Marke, die von der negativ ausgefallenen Prüfung kommt, würde zum End-Ereignis „Bewerbung abgelehnt" gelangen. Die Marke von der positiven Prüfung hingegen würde zum zusammenführenden parallelen Gateway gelangen. Da aber keine zweite Marke mehr ankommen kann, bliebe die Marke dort hängen, der Prozess könnte nicht komplett abgeschlossen werden. Diese Problematik wird durch die Verwendung der Terminierungs-End-Ereignisse vermieden.

Als weitere Typen von End-Ereignissen stehen das Senden eines Signals sowie das Mehrfach-End-Ereignis zur Verfügung (Abbildung 78). Signale haben wie bereits erwähnt keinen bestimmten Empfänger, sie können von beliebigen Empfängern innerhalb desselben und in anderen Prozessen empfangen werden. Im Beispiel signalisiert das End-Ereignis, dass eine neue Softwareversion verfügbar ist. Hierauf können verschiedene andere Prozesse reagieren, z. B. Prozesse zum Vertrieb oder zur Installation der neuen Software. In dem Prozess, der die neue Software bereitstellt, ist es jedoch unerheblich und unter Umständen gar nicht bekannt, welche anderen Prozesse diese Information benötigen, weshalb ein Signal an die Allgemeinheit abgesetzt wird.

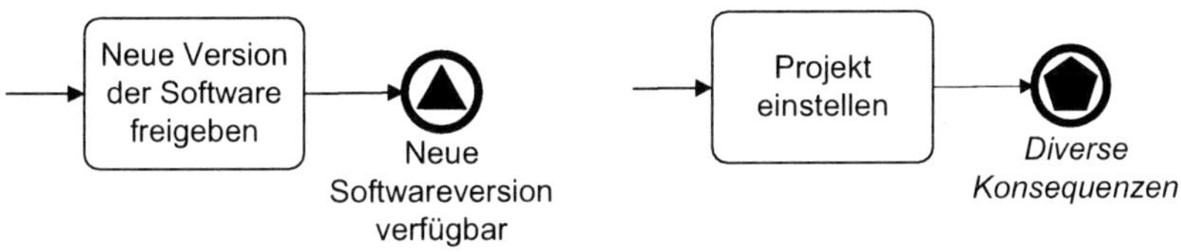

Abbildung 78: Weitere End-Ereignisse: Signal und mehrfach

End-Ereignisse vom Typ „mehrfach" werden verwendet, wenn ein End-Ereignis mehrere, evtl. über diverse Bedingungen verknüpfte Konsequenzen hat, die sich nicht sinnvoll durch andere Typen von End-Ereignissen darstellen lassen.

So wie es Prozesse ohne explizite Start-Ereignisse geben kann, ist es auch möglich, auf End-Ereignisse zu verzichten. In diesem Fall enthalten alle Aktivitäten, Gateways u. ä. ohne ausgehenden Sequenzfluss automatisch implizite End-Ereignisse. Diese verhalten sich wie gewöhnliche, unbestimmte End-Ereignisse. Die Modelle aus Abbildung 75 und Abbildung 76 lassen sich also auch wie in Abbildung 79 darstellen.

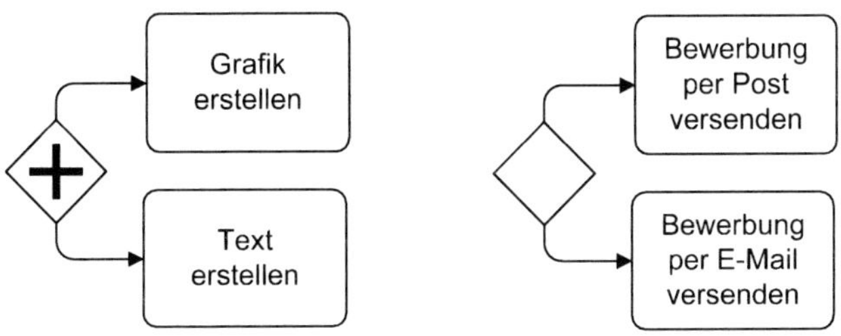

Abbildung 79: Aktivitäten ohne ausgehenden Sequenzfluss enthalten implizite End-Ereignisse

Auch bei der Verwendung von impliziten End-Ereignissen gilt wieder, dass ein Prozess nur entweder implizite oder aber explizite End-Ereignisse enthalten kann, eine Mischung ist nicht möglich. Dies gilt gleichermaßen für Start- und End-Ereignisse: Werden explizite Start-Ereignisse verwendet, so müssen auch explizite End-Ereignisse verwendet werden. Umgekehrt müssen implizite Ereignisse ebenfalls sowohl für den Start als auch für das Ende genutzt werden.

In Kapitel 9 werden noch weitere Typen von End-Ereignissen für die Modellierung von Kompensationen und Transaktionen eingeführt.

6.4 Zwischen-Ereignisse

Zwischen-Ereignisse (engl. „Intermediate Event") können an beliebigen Stellen innerhalb eines Prozesses modelliert werden, sie haben einen eingehenden und einen ausgehenden Sequenzfluss. Dargestellt werden sie in Form eines doppelt umrandeten Kreises.

Zwischen-Ereignisse werden normalerweise nur dann modelliert, wenn

1. ein für andere relevantes Ereignis aus einem Prozess heraus ausgelöst wird (z. B. Nachrichtenversand oder Auslösen eines Signals), oder
2. innerhalb eines Prozesses auf ein Ereignis reagiert wird (z. B. das Eintreffen einer Nachricht oder das Erreichen eines bestimmten Zeitpunkts).

Im Gegensatz zu Start-Ereignissen, die lediglich etwas empfangen bzw. auf einen Auslöser reagieren können, und End-Ereignisse, die nur etwas versenden bzw. auslösen können, gibt es bei Zwischen-Ereignissen beides, sowohl sendende als auch empfangende Ereignisse.

Abbildung 80 zeigt Beispiele für ein Nachrichten-sendendes und für ein Nachrichten-empfangendes Zwischen-Ereignis. Das Nachrichten-sendende Zwischen-Ereignis enthält ein ausgefülltes Brief-Symbol. Im Beispiel tritt das Zwischen-Ereignis „Einladung verschickt" mit dem Abschluss der vorangehenden Aktivität „Einladung schreiben" ein. Sobald dieses Ereignis eintritt, geht die Nachricht „Einladung" heraus. Zugleich wird über den Sequenzfluss die folgende Aktivität „Termin vorbereiten" gestartet.

Es wäre auch möglich, den Nachrichtenfluss direkt aus der Aktivität „Einladung schreiben" herausgehen zu lassen und auf das Zwischen-Ereignis zu verzichten. Durch die

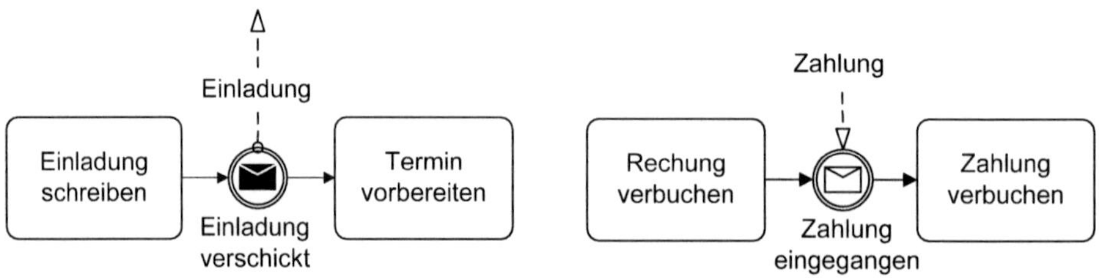

Abbildung 80: Nachrichten versendendes und Nachrichten empfangendes Zwischen-Ereignis

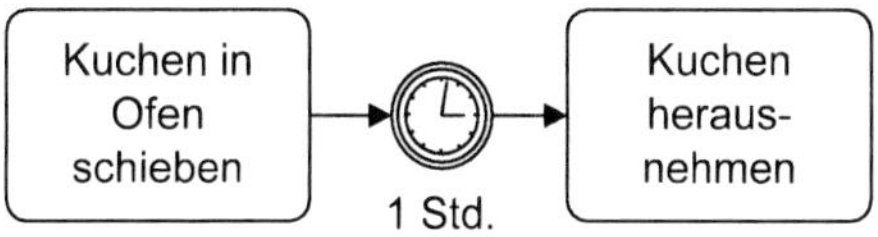

Abbildung 81: Zeitliches Zwischen-Ereignis

Modellierung des Nachrichtenversands als Ereignis zwischen den beiden Aktivitäten wird deutlich, dass die Nachricht genau mit dem Abschluss der vorangehenden Aktivität versandt wird, und nicht zu einem nicht näher bestimmten Zeitpunkt während der Abarbeitung von „Einladung schreiben".

Das rechts in Abbildung 80 mit einem unausgefüllten Brief-Symbol dargestellte Nachrichten-empfangende Zwischen-Ereignis reagiert auf eine über den Nachrichtenfluss eingehende Nachricht. Mit Abschluss der Aktivität „Rechnung verbuchen" fließt eine Marke zum Zwischen-Ereignis „Zahlung eingegangen". Hier wird nun auf den Eingang der Nachricht „Zahlung" gewartet, d. h. solange keine Zahlung eingeht, bleibt die Marke an dieser Stelle liegen. Erst wenn die Zahlung eintrifft, tritt das Zwischen-Ereignis ein, so dass die Marke weiterfließen und die Aktivität „Zahlung verbuchen" auslösen kann.

Beim Eintreffen einer Zahlung muss es sich selbstverständlich um die Zahlung handeln, die zu der in dieser Prozessinstanz versandten Rechnung gehört. Da es parallel ganz viele Instanzen dieses Prozesses und damit viele verschiedene versandte Rechnungen geben kann, treffen auch viele Zahlungen im Unternehmen ein. Diese Zahlungen müssen nun den passenden Prozessinstanzen zugeordnet werden. Erledigt dies ein Mitarbeiter, so wird er die mit der Zahlung angegebene Rechnungsnummer verwenden, um die passende Rechnung zu finden.

Erfolgt die Zuordnung einer eintreffenden Nachricht zur passenden Prozessinstanz automatisch durch eine Process Engine, so spricht man auch von „Korrelation" (engl. „Correlation").

Abbildung 81 zeigt ein zeitliches Zwischen-Ereignis, gekennzeichnet durch ein Uhr-Symbol. Bei einem solchen Ereignis wird nach Eintreffen einer Marke bis zu einem bestimmten Zeitpunkt gewartet. Typischerweise handelt es sich dabei nicht um einen vorher festgelegten absoluten Zeitpunkt, sondern um den Ablauf einer bestimmten Zeitspanne. In Abbildung 81 wird zunächst ein Kuchen in den Ofen geschoben. Anschließend wird eine Stunde gewartet, bevor die Aktivität „Kuchen herausnehmen" beginnt.

Auch das Zutreffen einer Bedingung kann als Auslöser für ein Zwischen-Ereignis dienen. In Abbildung 82 wird zunächst der Ofen eingeschaltet. Dann wird gewartet bis die

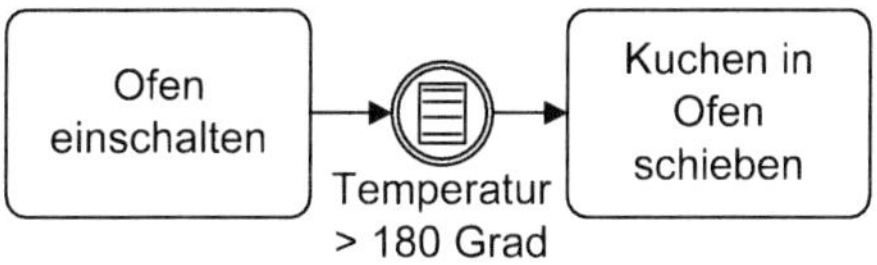

Abbildung 82: Eintreten einer Bedingung als Zwischen-Ereignis

Temperatur über 180 Grad gestiegen ist, worauf der Kuchen in den Ofen geschoben wird.

Weiterhin können Zwischen-Ereignisse auch Signale senden oder empfangen, was durch ein ausgefülltes bzw. nicht ausgefülltes Dreieck angegeben wird. Im oberen Prozess aus Abbildung 83 wird der Allgemeinheit über ein sendendes Zwischen-Ereignis signalisiert, dass eine neue Softwareversion verfügbar ist. Danach geht es in diesem Prozess sofort weiter mit der Aktivität „Neue Version der Software inventarisieren". Im unteren Prozess wird zuerst eine fehlerhafte Software außer Betrieb genommen. Anschließend wird auf das Signal „Neue Softwareversion verfügbar" gewartet. Erst wenn dieses Ereignis eintrifft, kann die Aktivität „Neue Version downloaden und installieren" durchgeführt werden.

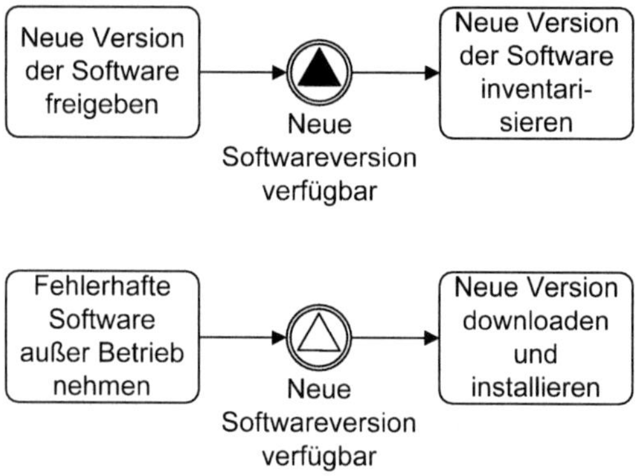

Abbildung 83: Signal-sendendes und Signal-empfangendes Zwischen-Ereignis

Manchmal ist es notwendig, ein großes Modell auf mehrere Seiten zu verteilen. Dann ist es hilfreich, Verweise auf die jeweils andere Seite darstellen zu können. Damit kann man nachvollziehen, wo ein bestimmter Sequenzfluss auf der nächsten Seite weitergeht. Hierzu kann man Zwischen-Ereignisse vom Typ „Link" verwenden. Diese sind mit Pfeilen gekennzeichnet.

Abbildung 84 zeigt einen ausgehenden Link „B" am Ende einer Seite. Dieser weist auf den gleichnamigen eingehenden Link „B" auf der folgenden Seite hin. Dies bedeutet, dass der aus Aktivität x ausgehende Sequenzfluss in Aktivität y eingeht.

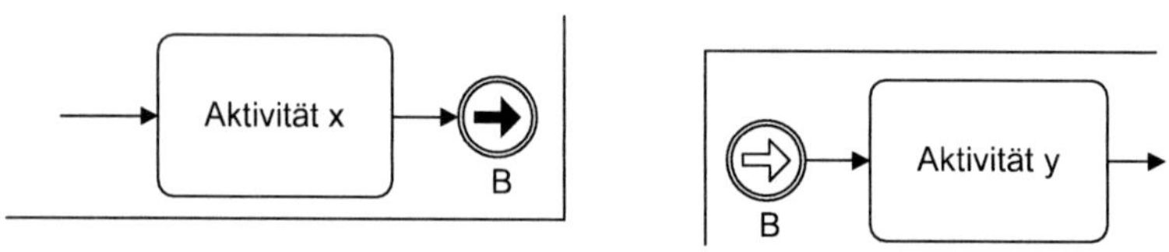

Abbildung 84: Link auf eine andere Seite

Es ist auch möglich, auf eine andere Stelle derselben Seite zu verweisen. Dies ist insbesondere nützlich, wenn ansonsten eine lange Sequenzfluss-Verbindung um zahlreiche andere Modell-Elemente herum gezogen werden müsste. Es kann dann übersichtlicher

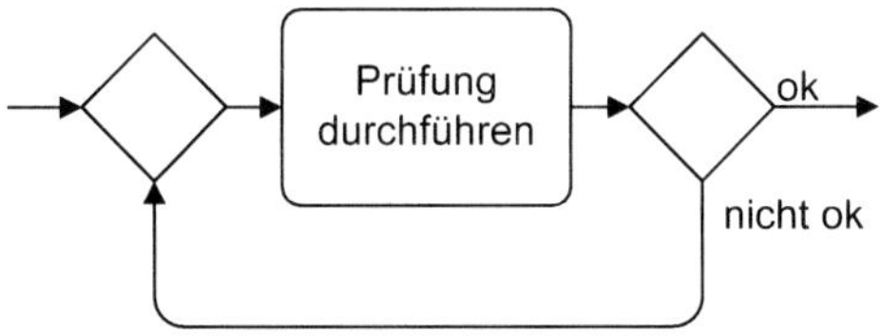

Abbildung 85: Gewöhnliche Schleife

sein, diese lange Sequenzfluss-Verbindung durch einen aus- und einen eingehenden Link zu ersetzen.

Der zurückführende Sequenzfluss aus Abbildung 85 könnte somit auch wie in Abbildung 86 dargestellt werden, wo der Sequenzfluss vom rechten, ausgehenden Link „A" zum linken, eingehenden Link „B" weitergeleitet wird.

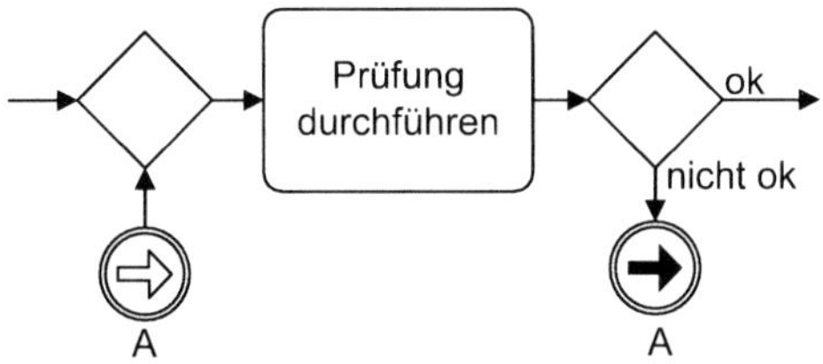

Abbildung 86: Darstellung der Schleife mit ein- und ausgehendem Link

Auch für Zwischen-Ereignisse gibt es die Möglichkeit, diese mit dem Mehrfach-Symbol zu kennzeichnen, wenn es mehrere kombinierte Auslöser bzw. mehrere Konsequenzen des Ereignisses gibt. Dabei wird wiederum zwischen empfangendem und sendendem Zwischen-Ereignis unterschieden, wobei letzteres das ausgefüllte Symbol enthält (Abbildung 87). Wie bei zeitlichen und Nachrichten-empfangenden Ereignissen modelliert man mit der empfangenden Variante, dass eine eintreffende Marke an dieser Stelle wartet, bis das Ereignis eingetreten ist.

Abbildung 87: Mehrfaches Zwischen-Ereignis (empfangend und sendend)

Anders als bei Start- und End-Ereignissen wird ein unbestimmtes Zwischen-Ereignis eher selten verwendet. Prinzipiell ist es möglich, mit Hilfe eines unbestimmten Zwischen-Ereignisses einfach nur darzustellen, dass an einer Stelle eines Prozessablaufs ein bestimmter Zustand eintritt. Beispielsweise zeigt das Ereignis „Auftrag erfasst" in Abbildung 88, dass an dieser Stelle der in dem Prozess bearbeitete Auftrag in den Zustand „erfasst" versetzt wird. Dies ist in dem Beispiel trivial, und im Gegensatz zu sendenden oder empfangenden Zwischen-Ereignissen hat das Ereignis auch keine Auswirkungen in diesem oder anderen Prozessen. Daher wird man dieses Ereignis normalerweise weglassen.

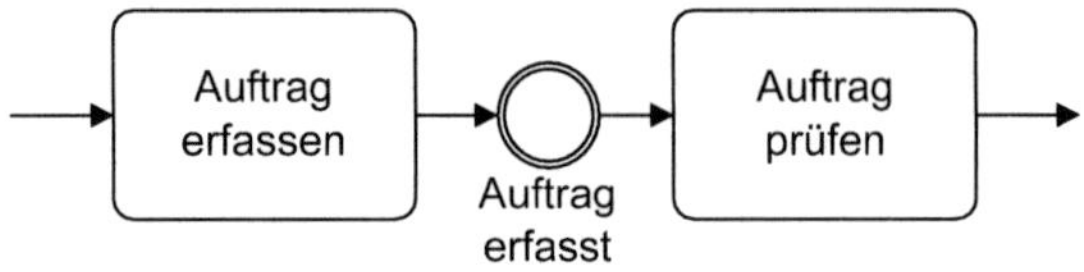

Abbildung 88: Unbestimmtes Zwischen-Ereignis

In seltenen Fällen kann es dennoch sinnvoll sein, auch solche Ereignisse zu modellieren. Manchmal ist es nützlich, die verschiedenen Zustände zu untersuchen, die ein Objekt annehmen kann. Diese kann man z. B. mit einem UML Zustandsdiagramm beschreiben. Dann lässt sich mit Hilfe der unbestimmten Ereignisse darstellen, an welchen Stellen im Prozess welche Zustände eintreten.

So wird in Abbildung 89 gezeigt, wann das in diesem Prozess bearbeitete Dokument in welchen Zustand versetzt wird. Die Ereignisse zeigen immer das Eintreten eines neuen Zustandes an. Das erste Zwischen-Ereignis müssten daher streng genommen die Bezeichnung „Zustand ‚In Bearbeitung' eingetreten" tragen. Im Gegensatz zum Zeitpunktbezogenen Ereignis, das selbst keine Dauer hat, dauert ein Zustand eine gewisse Zeit an. Eine andere Art, wie man Zustände von Datenobjekten darstellen kann, wird in Abschnitt 10.2 vorgestellt.

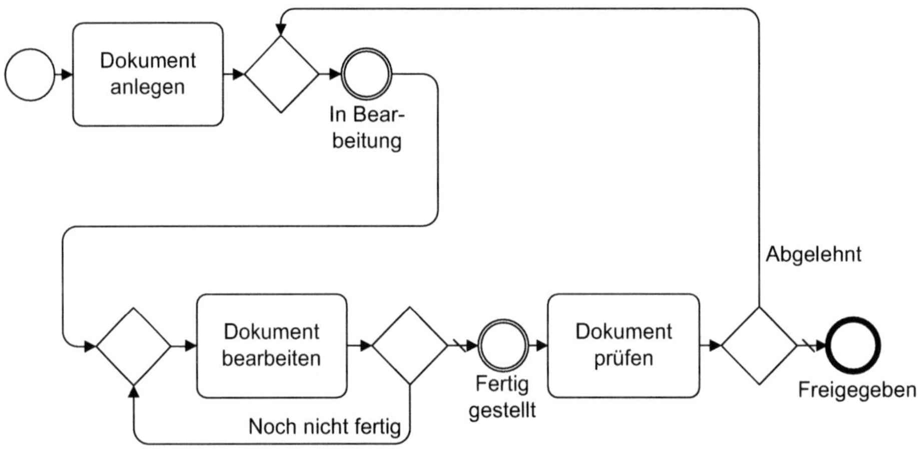

Abbildung 89: Unbestimmte Zwischen-Ereignisse zeigen das Eintreten von Zuständen an

6.5 Ereignis-basierte Entscheidungen

In Abschnitt 3.1 wurden exklusive Gateways beschrieben, bei denen genau einer von mehreren Sequenzflüssen ausgewählt wird. Bei den dort beschriebenen Gateways handelt es sich um Daten-basierte Gateways, d. h. die Entscheidung wird durch Auswertung von im Prozess zur Verfügung stehenden Datenwerten getroffen.

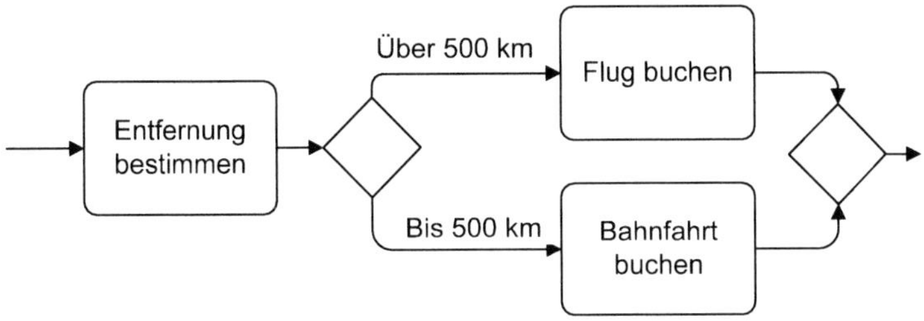

Abbildung 90: Daten-basierte Entscheidung

So wird in dem bereits betrachteten Beispiel der Abbildung 90 durch die Bedingungen an den Sequenzflüssen der Wert eines Datenelements „Entfernung“ ausgewertet. Liegt dieser Wert über 500 km, so wird der obere Pfad gewählt, beträgt der Wert hingegen bis zu 500 km, wird der untere Pfad gewählt. Diese für den Kontrollfluss relevanten Daten selbst werden in der BPMN normalerweise nicht modelliert (auch wenn die Modellierung von Datenobjekten möglich ist, wie in Kapitel 10 dargestellt wird). Man geht davon aus, dass innerhalb eines Prozesses überall auf alle Daten zugegriffen werden kann.

BPMN bietet mit dem Ereignis-basierten exklusiven Gateway noch eine zweite Möglichkeit, einen von mehreren Pfaden auszuwählen, und zwar in Abhängigkeit davon, welches von mehreren möglichen Ereignissen eintritt. In Abbildung 91 wird zunächst an einen Bewerber eine Einladung zum Interview geschickt. Anschließend soll einer der drei folgenden Pfade gewählt werden. Entscheidend dabei ist, welches der auf den Gateway folgenden Ereignisse als erstes eintritt.

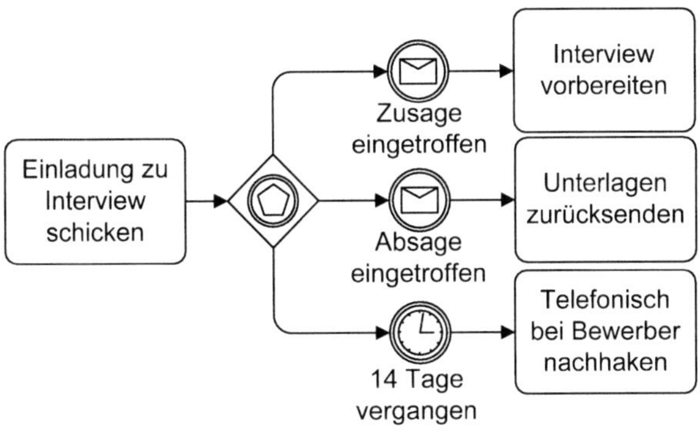

Abbildung 91: Ereignis-basierte Entscheidung

Trifft eine Zusage ein, so wird das Interview vorbereitet, trifft eine Absage ein, so werden die Unterlagen zurückgesendet. Sind hingegen vierzehn Tage vergangen, ohne dass eines der anderen beiden Ereignisse eingetroffen wäre, so wird beim Bewerber telefonisch nachgehakt. Es wird prinzipiell nur das zuerst eingetroffene Ereignis berücksichtigt. Tritt also das Ereignis „Zusage eingetroffen“ vor dem Ablauf von vierzehn Tagen ein, so hat das Ereignis „14 Tage vergangen“ an dieser Verzweigung keine Auswirkung mehr.

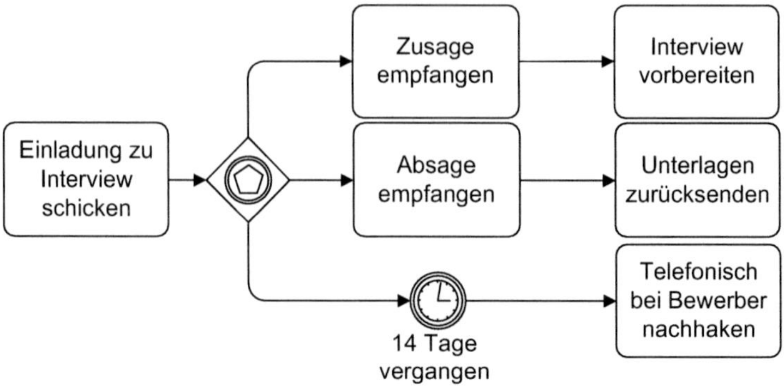

Abbildung 92: Ereignis-basierte Entscheidung mit Nachrichten empfangenden Aktivitäten

Anders als beim Daten-basierten exklusiven Gateway werden beim Ereignis-basierten exklusiven Gateway an den Ausgängen keine Bedingungen angegeben. Stattdessen muss in jedem der ausgehenden Sequenzflüsse als erstes ein empfangendes Zwischen-Ereignis folgen, mit dessen Hilfe der betreffende Sequenzfluss ausgewählt werden kann.

Beim Nachrichten-empfangenden Zwischen-Ereignis sieht die BPMN allerdings noch eine zweite Darstellungsmöglichkeit vor. Da Nachrichten auch von Aktivitäten empfangen werden können, kann statt des Zwischen-Ereignisses auch eine Aktivität verwendet werden. Hierbei muss es sich um eine Aktivität handeln, die nichts anderes tut, als eine Nachricht entgegen zu nehmen. Würde die Nachricht nämlich erst irgendwann im Laufe der Durchführung einer umfangreicheren Aktivität empfangen, so müsste die Aktivität schon gestartet werden bevor man überhaupt weiß, ob die betreffende Nachricht als erstes eintrifft. Eine derartige Aktivität wird in der BPMN als „Receive"-Task klassifiziert (vgl. Abschnitt 7.7). Der Modellausschnitt aus Abbildung 91 kann also wie in Abbildung 92 dargestellt werden. Allerdings wird die Entscheidungslogik deutlicher sichtbar, wenn man Ereignisse modelliert.

Die Zusammenführung von Sequenzflüssen, die mit einem Ereignis-basierten exklusiven Gateway aufgesplittet wurden, erfolgt über einen gewöhnlichen exklusiven Gateway. An der Zusammenführung ist es schließlich unerheblich, ob der durchlaufene Sequenzfluss aufgrund von Daten oder Ereignissen ausgewählt wurde. Wichtig ist nur, dass immer nur über genau einen Sequenzfluss eine Marke kommt. Prinzipiell dürfte man auch das

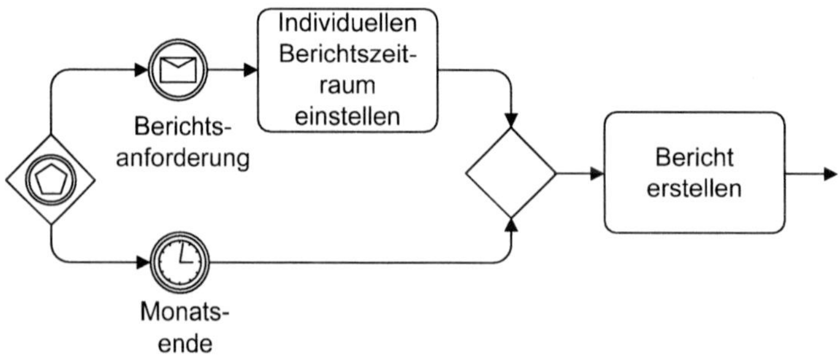

Abbildung 93: Start mit einem Ereignis-basierten Gateway

Symbol des Ereignis-basierten exklusiven Gateways zur Zusammenführung verwenden. Die Logik ist aber genau die gleiche wie die eines gewöhnlichen zusammenführenden exklusiven Gateways.

In Abschnitt 6.2 wurde ein Prozess, der über unterschiedliche Ereignisse gestartet werden kann, mit mehreren Start-Ereignissen modelliert. Gelegentlich sieht man aber auch eine Darstellung wie in Abbildung 93. Da der Ereignis-basierte Gateway keinen eingehenden Sequenzfluss hat, verfügt er über ein implizites Start-Ereignis. Der Prozess wartet dann gleich zu Beginn darauf, welches Zwischen-Ereignis zuerst eintritt. Somit wird der Ablauf eigentlich erst durch eines der Zwischen-Ereignisse gestartet. Mit dieser Modellierung vermeidet man die Verwendung mehrerer Start-Ereignisse, die eventuell uneinheitlich aufgefasst werden könnte. Inhaltlich entspricht das Beispiel voll dem Modell aus Abbildung 66 (S. 63).

7 Aktivitäten

7.1 Unterprozesse

BPMN-Modelle können zwei Arten von Aktivitäten enthalten: „Tasks“, d. h. Arbeitsschritte, und Unterprozesse (engl. „Sub-Process“). Tasks sind nicht weiter unterteilt, Unterprozesse umfassen hingegen eigene detaillierte Abläufe.

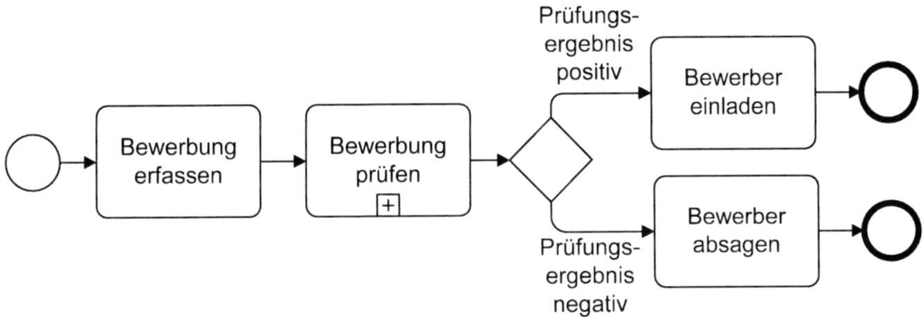

Abbildung 94: Prozess mit Unterprozess „Bewerbung prüfen“

Der Prozess in Abbildung 94 enthält die drei Tasks „Bewerbung erfassen“, „Bewerber einladen“ und „Bewerber absagen“ sowie den Unterprozess „Bewerbung prüfen“. Dieser ist mit einem kleinen „+“-Symbol gekennzeichnet. Dass es sich bei „Bewerbung erfassen“ um einen Task handelt, bedeutet nicht, dass man diese Aktivität nicht weiter untergliedern könnte, sondern nur, dass in dem vorliegenden Modell darauf verzichtet wurde.

Abbildung 95 zeigt den Ablauf des Unterprozesses „Bewerbung prüfen“. Wird der Prozess aus Abbildung 94 durchlaufen, so trifft nach dem Erfassen der Bewerbung eine Marke beim Unterprozess „Bewerbung prüfen“ ein. Wenn dies geschieht, wird innerhalb des Unterprozesses das unbestimmte Start-Ereignis aktiviert, d. h. es erzeugt eine Marke. Diese Marke durchläuft den Unterprozess ganz genauso wie jeden gewöhnlichen Prozess. Irgendwann erreicht sie eines der beiden End-Ereignisse. Damit ist der Unterprozess abgeschlossen, und es wird im übergeordneten Prozess eine Marke über den ausgehenden Sequenzfluss weitergegeben.

Hierbei ist es unerheblich, welches der beiden End-Ereignisse erreicht wurde. Für den Sequenzfluss ist nur wichtig, dass der Unterprozess komplett abgeschlossen ist, bevor eine Marke ausgegeben wird.

In dem vorliegenden Beispiel hat es inhaltlich allerdings schon eine Bedeutung, welches End-Ereignis erreicht wurde, denn im folgenden Gateway wird ja geprüft, ob die Prüfung positiv oder negativ war. Dennoch gibt es von der BPMN-Syntax her keinen Zusammenhang zwischen den verschiedenen End-Ereignissen innerhalb des Unterprozesses und den Bedingungen an der Entscheidung im übergeordneten Prozess.

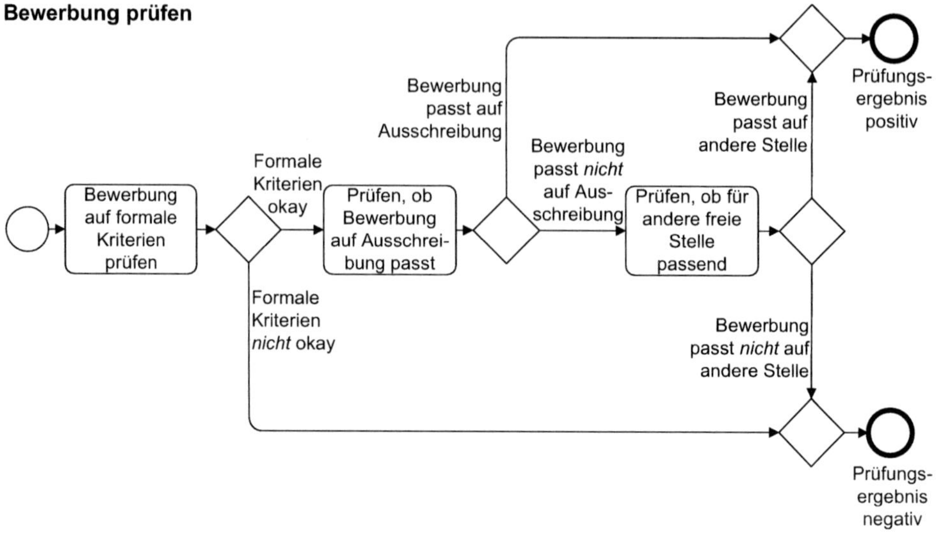

Abbildung 95: Unterprozess zur Aktivität „Bewerbung prüfen"

Vielmehr sind diese Modelle so zu interpretieren, dass während der Abarbeitung des Unterprozesses Daten erzeugt werden, die das Ergebnis der Prüfung enthalten. Diese Daten stehen dann im übergeordneten Prozess zur Verfügung und werden in den Bedingungen am Gateway ausgewertet. Wie bereits erwähnt, wird prinzipiell davon ausgegangen, dass innerhalb eines Prozesses alle Daten überall verfügbar sind, wo sie benötigt werden. Dies gilt auch für in den Prozess eingebettete Unterprozesse.

Im vorliegenden Beispiel könnte in dem Prozess ein Attribut „Prüfungsergebnis" verwendet werden, das die Werte „positiv" oder „negativ" annehmen kann. Die Anmer-

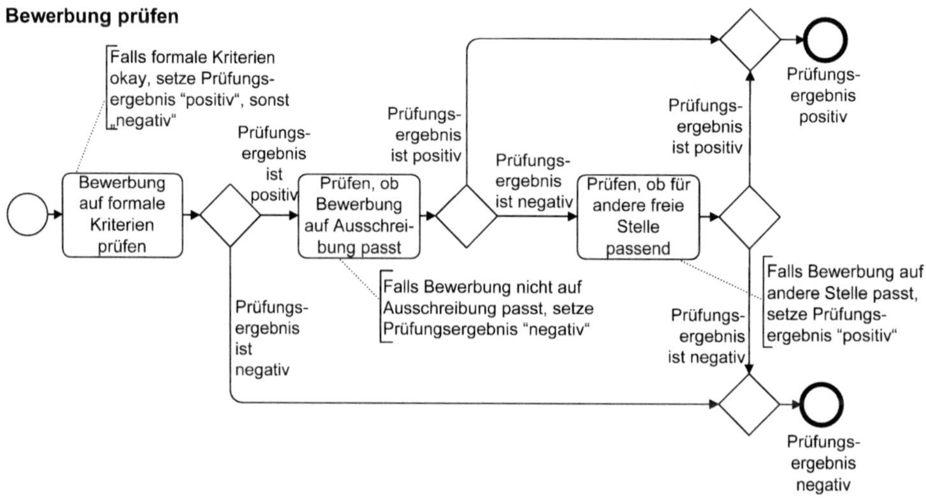

Abbildung 96: Speichern des Prüfungsergebnisses in einem Attribut

kungen in Abbildung 96 beschreiben, welche Werte die einzelnen Aktivitäten des Unterprozesses diesem Attribut zuweisen. In den Bedingungen am Gateway aus Abbildung 94 wird dann einfach der Wert dieses Attributs für die Entscheidung ausgewertet. Auch die Bedingungen an den Gateways im Unterprozess lassen sich mit Hilfe des Attributs „Prüfungsergebnis" formulieren.

Da der hier vorgeschlagene Mechanismus zur Übermittlung von Ergebnissen eines Unterprozesses an den übergeordneten Prozess unabhängig von den End-Ereignissen ist, hätte man den Unterprozess auch so wie in Abbildung 97 modellieren können. Hier erreicht die Marke stets das einzige unbestimmte End-Ereignis, und das Prüfungsergebnis wird wie vorhin mit Hilfe eines Attributs weitergegeben.

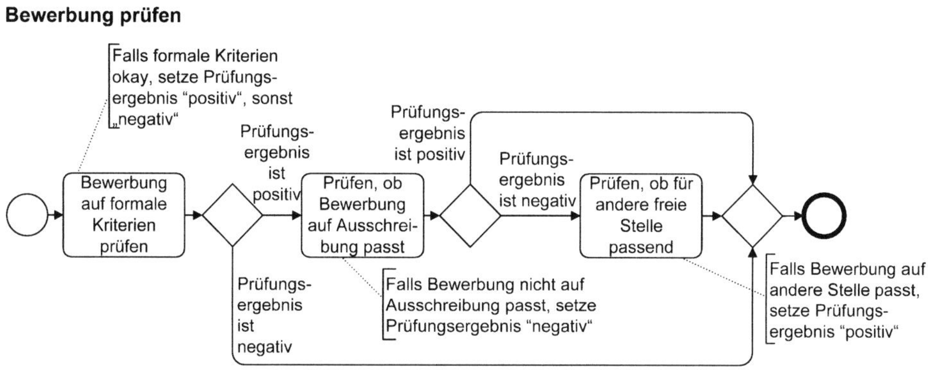

Abbildung 97: Alternative Modellierung des Unterprozesses

Die Darstellung aus Abbildung 95 ist jedoch wesentlich aussagekräftiger und besser verständlich – zumal, wenn man keine umständlichen Anmerkungen verwenden möchte. Daher empfiehlt es sich, per Modellierungskonvention festzulegen, dass in übergeordneten Prozessen die unterschiedlichen End-Ereignisse aus Unterprozessen ausgewertet werden können, wie dies im obigen Beispiel gemacht wurde.

Wird der Prozess manuell durchgeführt, so gibt es keine Process Engine, die ein Attribut „Prüfungsergebnis" verwalten würde. Die Mitteilung des Prüfungsergebnisses erfolgt dann entweder über die beteiligten Mitarbeiter oder z. B. über einen entsprechenden Vermerk auf einem Laufzettel. Das Prinzip verändert sich dadurch nicht.

Es ist natürlich auch möglich, dass in einem Unterprozess mehrere End-Ereignisse modelliert werden, die über parallele Pfade alle erreicht werden. In diesem Fall ist der Unterprozess erst dann beendet, wenn alle Marken im Unterprozess durch End-Ereignisse verschluckt worden sind.

Ist ein Unterprozess abgeschlossen, so wird auf jedem aus dem Unterprozess ausgehenden Sequenzfluss eine Marke ausgegeben. Bei bedingten Sequenzflüssen werden natürlich nur Marken ausgegeben, wenn die jeweiligen Bedingungen zutreffen.

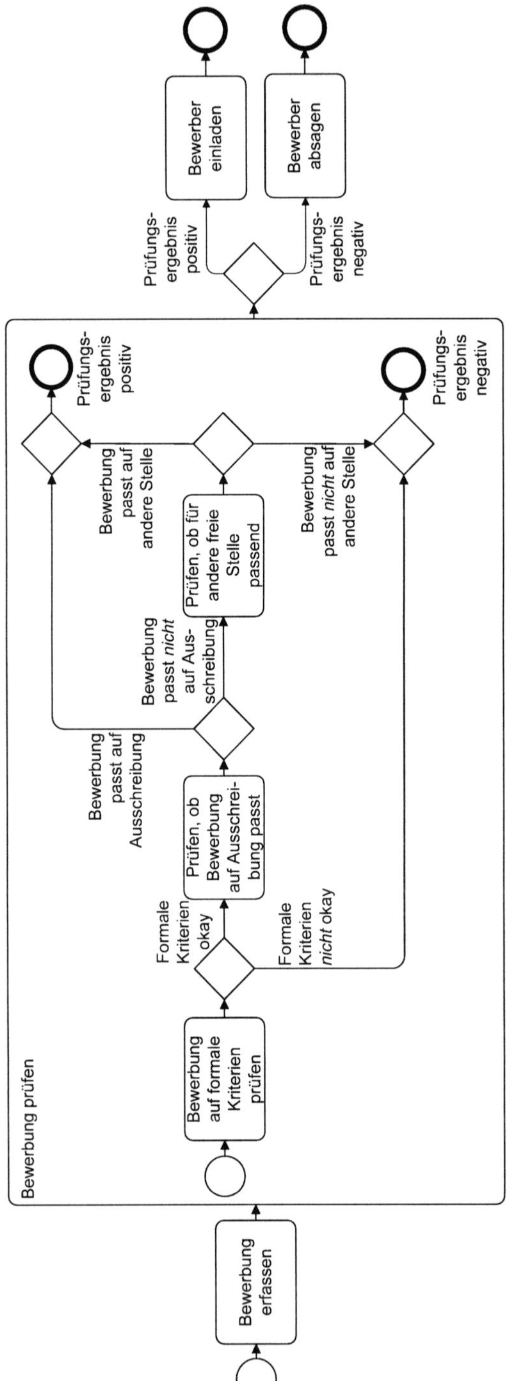

Abbildung 98: Darstellung eines Unterprozesses im übergeordneten Prozess

Man sollte darauf achten, dass ein Unterprozess nicht mehrere unbestimmte Start-Ereignisse hat, da ansonsten nicht klar ist, wo der Unterprozess beginnt, wenn er vom übergeordneten Prozess aktiviert wird.

Neben der Darstellung von Unterprozessen in eigenen Diagrammen gibt es auch die Möglichkeit, den Detail-Ablauf des Unterprozesses direkt in das Modell des übergeordneten Prozesses einzufügen. Dazu wird das betreffende Aktivitäten-Symbol größer gezeichnet und der untergeordnete Prozess in diesem Symbol angeordnet (Abbildung 98).

Manche Modellierungstools erlauben auch das Auf- und Zuklappen des Unterprozesses, so dass man sich die Details eines Unterprozesses bei Bedarf ansehen kann und dabei gleichzeitig den Zusammenhang mit dem übergeordneten Prozess im Blick hat. Aus Gründen der Übersichtlichkeit ist die eingebettete Darstellung nur bis zu einer gewissen Modellgröße sinnvoll, da die Grafiken sonst zu groß werden.

Unterprozesse können selbst auch wieder Unterprozesse enthalten, so dass sich beliebig tiefe hierarchische Prozessmodelle aufbauen lassen.

In Unterprozessen können wie in allen Prozessen auch implizite Start- und End-Ereignisse verwendet werden (vgl. hierzu Abschnitt 6.2 und 6.3). In Abbildung 99 werden beim Start des Unterprozesses alle drei Tasks parallel aktiviert. Sobald alle drei beendet sind, ist auch der Unterprozess beendet, und es wird eine Marke ausgegeben, die in diesem Fall zum End-Ereignis des übergeordneten Prozesses fließt.

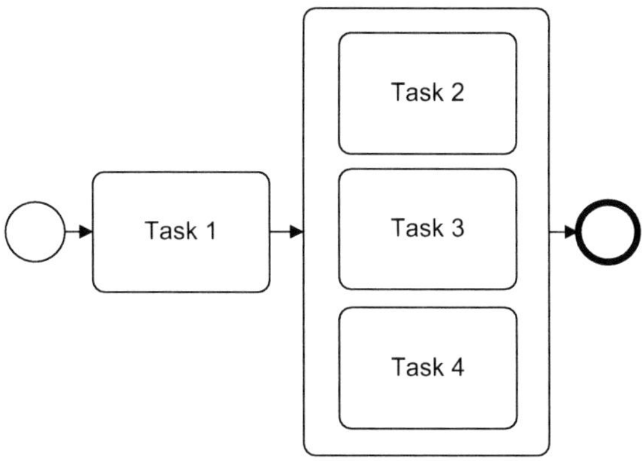

Abbildung 99: Unterprozess mit impliziten Start- und End-Ereignissen

Es wurde bereits auf die Regel hingewiesen, dass in einem Prozess entweder ausschließlich implizite oder aber ausschließlich explizite Start- und End-Ereignisse verwendet werden müssen, Kombinationen davon hingegen nicht zulässig sind. In Zusammenhang mit Unterprozessen ist zu beachten, dass jeder Unterprozess selbst wieder ein eigener Prozess ist, für den die Verwendung von expliziten und impliziten Ereignissen anders gehandhabt werden kann als für den übergeordneten Prozess. Daher ist die Darstellung in Abbildung 99 korrekt. Im übergeordneten Prozess werden ausschließlich explizite Start- und End-Ereignisse verwendet, im untergeordneten Prozess hingegen ausschließlich implizite.

In Abbildung 99 werden die drei Tasks im Unterprozess parallel durchgeführt. Daher könnte man die gleiche Logik auch gemäß Abbildung 100 mit Hilfe von parallelen Gateways modellieren.

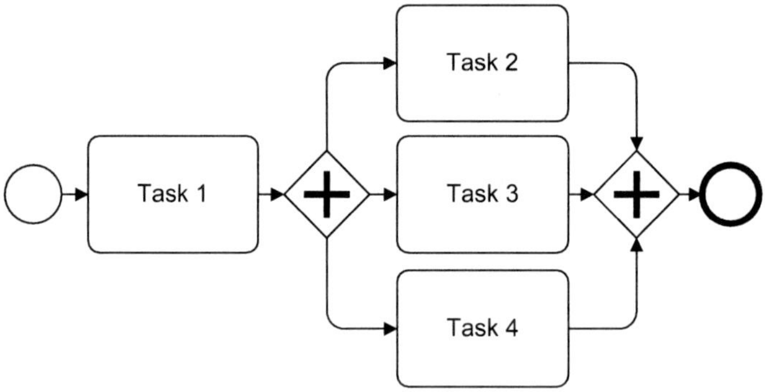

Abbildung 100: Modellierung des Ablaufs aus Abbildung 99 mit parallelen Gateways

Man kann einwenden, dass die modellierten Inhalte der beiden Abbildungen doch ein klein wenig verschieden sein müssten: Als Teil eines Unterprozesses befinden sich Task 2, Task 3 und Task 4 eigentlich auf einer detaillierteren Modellierungs-Ebene als Task 1. Daher müsste es sich auch um detailliertere Aktivitäten handeln. In dem Beispiel mit den parallelen Gateways befinden sich Task 2 bis 4 hingegen direkt im gleichen Prozess wie Task 1, daher müssten hier alle Tasks den gleichen Detaillierungsgrad aufweisen.

Diese Betrachtung trifft dann zu, wenn Unterprozesse zur Hierarchisierung verwendet werden – vom groben Übersichtsmodell bis zum Detailablauf mit allen Einzelheiten. In der BPMN werden Unterprozesse allerdings nicht nur für diesen Zweck verwendet, sondern auch um beispielsweise Aktivitäten innerhalb einer Schleife zusammenzufassen (vgl. Abschnitt 7.5) oder aber mehrere Aktivitäten zu gruppieren, damit sie gemeinsam abgebrochen werden können (vgl. Kapitel 8 und 9). In diesen Fällen haben die Aktivitäten innerhalb des Unterprozesses den gleichen Detaillierungsgrad wie die Aktivitäten des übergeordneten Prozesses. Von daher kann es sich bei dem Unterprozess in Abbildung 99 ebenso um eine reine Zusammenfassung von Aktivitäten handeln, die evtl. sogar nur verwendet wird, um eine kompaktere Darstellung als mit parallelen Gateways zu erhalten. Interessanterweise gibt die BPMN-Spezifikation an, dass diese Möglichkeit zur Darstellung parallel durchgeführter Aktivitäten der Grund war, implizite Start- und End-Ereignisse in der BPMN zuzulassen [Object Management Group 2008a, S. 56].

Die BPMN sieht noch eine weitere Möglichkeit zur Darstellung von Start- und End-Ereignissen von Unterprozessen vor. Hierbei werden diese Ereignisse auf dem Rand des Unterprozesses platziert und mit dem in den Unterprozess ein- bzw. ausgehenden Sequenzfluss verbunden (Abbildung 101).

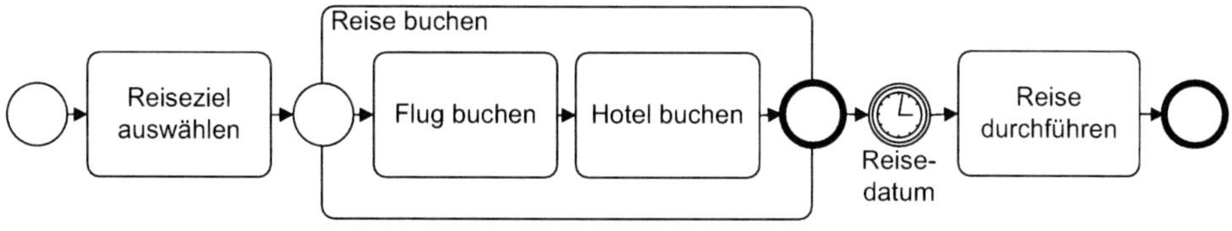

Abbildung 101: Start- und End-Ereignisse als verbindende Elemente

Hierdurch wird der resultierende Gesamtfluss optisch deutlicher dargestellt, als wenn man etwa erst im Unterprozess nach dem Start-Ereignis suchen muss, um festzustellen, wo es nach Aufruf des Unterprozesses mit dem Ablauf weitergeht.

Diese Darstellung sollte nur dann verwendet werden, wenn der Unterprozess genau ein Start- und ein End-Ereignis hat. Zwar könnte man sich vorstellen, dass man mit Hilfe einer derartigen Darstellung über unterschiedliche Sequenzflüsse zu unterschiedlichen Start-Ereignissen des Unterprozesses gelangt bzw. von unterschiedlichen End-Ereignissen verschiedene Sequenzflüsse ausgehen lässt, doch entspricht dies nicht der BPMN-Spezifikation.

Die Darstellung mit Start- und End-Ereignissen als verbindenden Elementen ist im Übrigen inhaltlich identisch mit der Verwendung gewöhnlicher Start- und End-Ereignisse im Unterprozess. Die Modelle aus Abbildung 101 und Abbildung 102 sind also völlig gleichwertig.

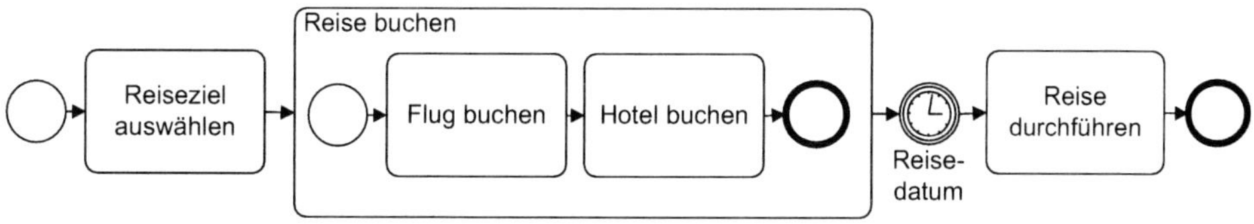

Abbildung 102: Der Prozess aus Abbildung 101 in gewöhnlicher Darstellung

7.2 Eingebettete und wiederverwendbare Unterprozesse

Die BPMN unterscheidet zwei Arten von Unterprozessen: eingebettete (engl. „Embedded Sub-Process") und wiederverwendbare (engl. „Reusable Sub-Process"). Eingebettete Unterprozesse sind vom übergeordneten Prozess abhängig und können nicht unabhängig von diesem verwendet werden. Bei wiederverwendbaren Unterprozessen hingegen handelt es sich um Prozesse, die in mehreren übergeordneten Prozessen als Unterprozesse genutzt werden.

Wiederverwendung ist insbesondere im Zusammenhang mit automatisierten Prozessen von großer Bedeutung. Ein wiederverwendbarer Unterprozess muss nur einmal implementiert werden. Damit er mehrfach genutzt werden kann muss er so allgemeingültig gestaltet werden, dass er unabhängig von dem jeweiligen übergeordneten Prozess ist, in dem er genutzt wird. Hierzu müssen klare Schnittstellen definiert werden.

In dem weiter vorn besprochenen Beispiel des Unterprozesses „Bewerbung prüfen" (S. 79 ff) wurde vorgeschlagen ein Attribut „Prüfungsergebnis" zu verwenden, über das der Unterprozess dem übergeordneten Prozess sein Ergebnis mitteilen kann. Dieses Attribut „Prüfungsergebnis" muss dem übergeordneten Prozess und dem Unterprozess gemeinsam zur Verfügung stehen. Man spricht in diesem Zusammenhang auch von Sichtbarkeit: Das Attribut wird für den gesamten Bewerbungsprozess definiert, und es ist auch im Unterprozess „Bewerbung prüfen" sichtbar, so dass dieser sein Ergebnis eintragen kann, damit es anschließend im übergeordneten Prozess zur Verfügung steht.

Dies bedeutet, dass der Unterprozess „Bewerbung prüfen" vom übergeordneten Prozess abhängig ist. Die Abhängigkeit entsteht durch die Verwendung des Attributs aus dem übergeordneten Prozess. Es handelt sich also um einen eingebetteten Prozess. Würde man diesen Unterprozess an irgendeiner anderen Stelle in einem anderen Prozess einfügen, so würde er nicht funktionieren, da er auf das Attribut „Prüfungsergebnis" des Bewerbungsprozesses zugreifen muss.

Will man den Unterprozess „Bewerbung prüfen" wiederverwendbar gestalten, so muss man sicherstellen, dass er auf keine Attribute aus übergeordneten Prozessen zugreift. Um trotzdem Informationen zwischen übergeordnetem und untergeordnetem Prozess auszutauschen, müssen Schnittstellen definiert werden. Für den wiederverwendbaren Unterprozess muss festgelegt werden, welche Werte an ihn übergeben werden und welche Werte er zurückgibt.

Wer sich mit Programmierung beschäftigt hat, kennt dieses Prinzip: Greifen aufgerufene Funktionen oder Methoden auf globale Variablen zu, so entsteht eine hohe Abhängigkeit. Unabhängige Funktionen oder Methoden erhalten die benötigten Werte beim Aufruf als Parameter übergeben und geben anschließend ein Ergebnis zurück.

Derartige Schnittstellen werden in der BPMN nicht grafisch dargestellt. Die Spezifikation legt allerdings fest, dass wiederverwendbare Unterprozesse über die Attribute „InputMaps" und „OutputMaps" verfügen. In den InputMaps wird festgelegt, wie beim Aufruf des Unterprozesses Daten des übergeordneten Prozesses auf Daten des Unterprozesses abgebildet (engl. „to map") werden, in den OutputMaps wird umgekehrt die Abbildung der zurückgegebenen Daten des Unterprozesses auf Daten des übergeordneten Prozesses festgelegt.

Wie diese Abbildungen beschrieben werden, z. B. gemäß der Syntax einer formalen Sprache, ist dem Anwender überlassen. Zumeist wird es ihm durch das verwendete Tool vorgegeben, wobei manche Tools für derartige Zwecke gar nicht die von der BPMN-Spezifikation vorgegebenen Attribute nutzen, sondern eigene Mechanismen bereitstellen.

Eine nähere Beschreibung der genannten Attribute findet sich in Anhang C. Dabei ist zu beachten, dass die BPMN-Spezifikation genau genommen nicht den mehrfach verwendeten Prozess selbst als „wiederverwendbaren Unterprozess" bezeichnet, sondern vielmehr die aufrufende Aktivität im übergeordneten Prozess, die einen Verweis auf den an anderer Stelle definierten Prozess enthält. Dieser wird einfach als ganz gewöhnlicher Prozess modelliert.

Die dargestellte Unterscheidung zwischen eingebetteten und wiederverwendbaren Unterprozessen ist aber nicht nur für ausführbare Prozesse in Process Engines von Bedeutung. Sie lässt sich auch auf fachlicher Ebene finden. Wird ein Unterprozess beispielsweise immer nur in einem bestimmten übergeordneten Prozess und von denselben Mitarbeitern durchgeführt, so muss man sich über die Kommunikation zwischen den beiden Prozessen wenig Gedanken machen. Lagert man hingegen einen Unterprozess an einen Dienstleister oder an eine zentrale Einheit („Shared Service Center") aus, die denselben Unterprozess für verschiedenen Prozesse durchführt, so muss auch hier die Schnittstelle in Form von zu übergebenden Informationen, Dokumenten u. ä. sauber definiert werden.

Die BPMN sieht keine grafische Unterscheidung zwischen eingebetteten und wiederverwendbaren Unterprozessen vor. Die Spezifikation bietet zur Kennzeichnung nur entsprechende Attribute an. Zur besseren Unterscheidung kann man jedoch die Aktivitäten-Symbole auch mit selbst definierten Symbolen versehen (zu Erweiterungsmöglichkeiten der BPMN siehe auch Abschnitt 10.3).

7.3 Beispiel für eingebettete und wiederverwendbare Unterprozesse

Ein Unterprozess ist immer dann nicht wiederverwendbar, wenn es Abhängigkeiten zwischen ihm und dem übergeordneten Prozess gibt. Dies kann beispielsweise bedeuten, dass er – wie oben beschrieben – auf Daten des übergeordneten Prozesses zugreift, oder dass der Unterprozess in der modellierten Form nur korrekt funktioniert, weil vorher im übergeordneten Prozess bestimmte Aktivitäten durchgeführt oder bestimmte Entscheidungen getroffen wurden. Ein eingebetteter Unterprozess dient dazu, Details zusammenzufassen und das Gesamtprozessmodell übersichtlicher zu machen. Die Inhalte des Unterprozesses sind aber untrennbarer Bestandteil des übergeordneten Gesamtprozesses und sind ohne diesen auch nicht sinnvoll.

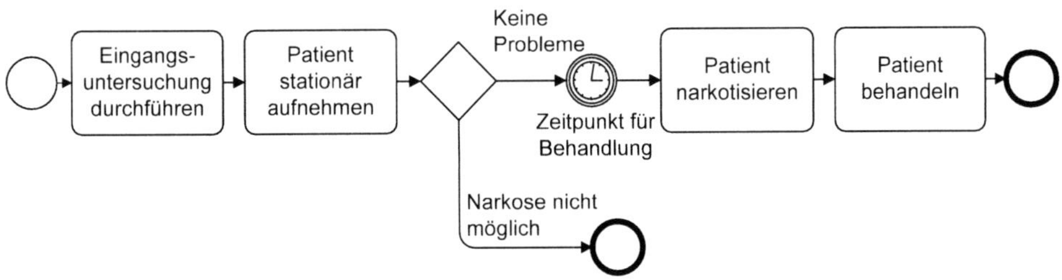

Abbildung 103: Beispielprozess Behandlung im Krankenhaus

Als Beispiel wird der Prozess einer Behandlung im Krankenhaus in Abbildung 103 betrachtet. Zunächst wird eine Eingangsuntersuchung durchgeführt, anschließend wird der Patient stationär aufgenommen. Bestehen aufgrund der Eingangsuntersuchung keine Probleme hinsichtlich einer Narkose, so wird bis zum festgelegten Zeitpunkt für die Behandlung gewartet. Zu diesem Zeitpunkt wird der Patient zunächst in Narkose versetzt, anschließend wird er behandelt. Dieser Prozess gibt natürlich in keinster Weise die wahren Abläufe in einem Krankenhaus wieder, wo ganz unterschiedliche und auch mehrere Behandlungen, teils mit, teils ohne Narkose, sowie weitere Untersuchungen während des stationären Aufenthalts durchgeführt werden, usw. Er dient lediglich als Beispiel zur Illustration von eingebetteten und wiederverwendbaren Unterprozessen.

Es sollen nun die Aktivitäten „Patient betäuben" und „Patient behandeln" in einem Unterprozess zusammengefasst werden. Grund dafür ist, dass „Narkotisieren" und „Behandeln" detailliertere, zusammengehörige Aktivitäten darstellen. Wäre das Modell umfangreicher so würde die Bildung von Unterprozessen auch dazu beitragen, die Übersichtlichkeit zu erhöhen.

Betrachtet man nun den entstehenden Unterprozess „Behandlung durchführen" in Abbildung 104 genauer, so stellt man fest, dass dieser Unterprozess nicht aus dem Zusammenhang des Gesamtprozesses herausgerissen werden darf. Bevor man den Patienten in Narkose versetzen darf, muss nämlich sichergestellt sein, dass es keine medizinischen Probleme gibt. Im Gesamtprozess sei dies durch die Eingangsuntersuchung festgestellt worden (auch wenn dies in der Realität zumeist anders ablaufen wird). Der Unterprozess „weiß" also, dass eventuelle Probleme bzgl. der Narkose bereits ausgeschlossen wurden. Daher kann der Patient direkt ohne weitere Untersuchung narkotisiert werden.

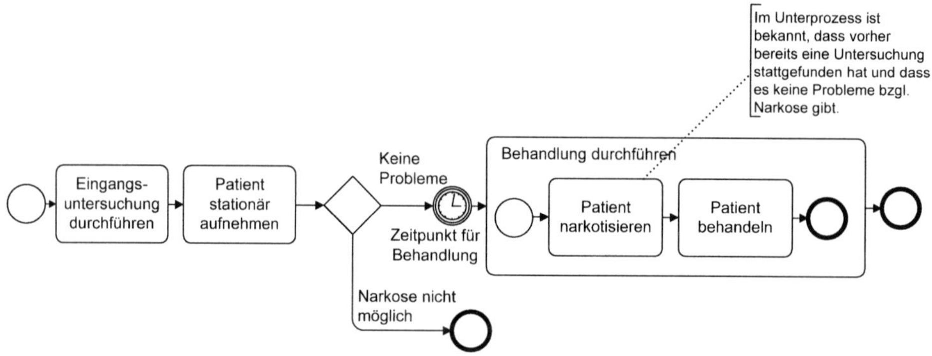

Abbildung 104: Beispielprozess Behandlung mit eingebettetem Unterprozess

In Abbildung 105 wurde dieser Unterprozess unverändert in einen anderen Prozess, eine ambulante Behandlung, übernommen. Der resultierende Gesamtprozess ist fehlerhaft und sogar gefährlich. Es wird jetzt überhaupt keine Eingangsuntersuchung mehr durchgeführt. Auch Patienten, deren Gesundheitszustand dies nicht erlaubt, werden in Narkose versetzt – mit womöglich fatalen Konsequenzen.

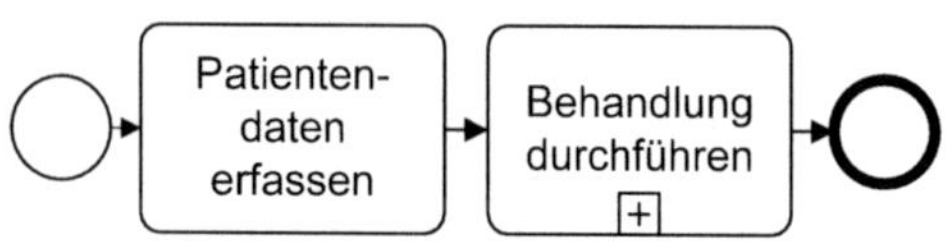

Abbildung 105: Falsche Wiederverwendung des Unterprozesses im Rahmen einer ambulanten Behandlung

Aufgrund der Abhängigkeit vom Kontext des übergeordneten Prozesses ist dieser eingebettete Unterprozess also nicht wiederverwendbar. Ein wiederverwendbarer Unterprozess muss unabhängig vom übergeordneten Prozess sein, und für den Austausch von Daten müssen Schnittstellen definiert sein.

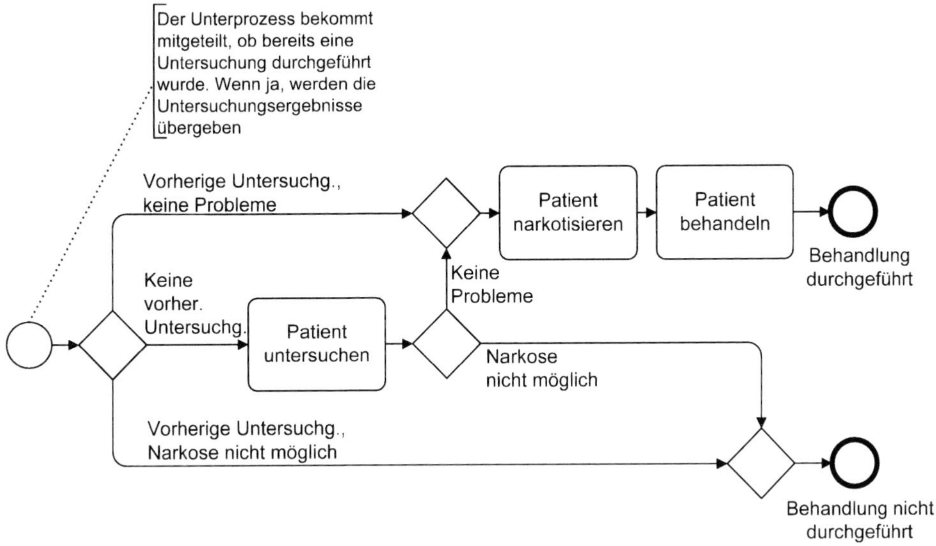

Abbildung 106: Wiederverwendbarer Unterprozess „Behandlung durchführen"

Abbildung 106 zeigt einen wiederverwendbaren Unterprozess für das Durchführen einer Behandlung. Dieser bekommt vom aufrufenden Prozess die Information übergeben, ob bereits eine Untersuchung durchgeführt wurde. Weiterhin werden die Untersuchungsergebnisse übergeben. Diese enthalten natürlich keinen Inhalt, wenn noch keine Untersuchung durchgeführt wurde.

Aufgrund dieser übergebenen Informationen wird nun im aufgerufenen Unterprozess ggf. eine noch erforderliche Untersuchung durchgeführt, und es wird entschieden, ob eine Narkose möglich ist. Somit ist der Unterprozess sehr gut wiederverwendbar: Es existiert eine eindeutig beschriebene Schnittstelle, es werden keine weiteren Voraussetzungen bzgl. des übergeordneten Prozesses getroffen, und es wird auf keine Daten des übergeordneten Prozesses zugegriffen – außer auf die explizit übergebenen Daten. Der Unterprozess kann somit unverändert sowohl für den stationären als auch den ambulanten Fall verwendet werden.

7.4 Referenzen: Wiederverwendung in der Modellierung

Wie oben dargelegt verstehen die Macher der BPMN unter Wiederverwendung insbesondere den Aufruf von automatisierten Teilprozessen aus verschiedenen anderen Prozessen heraus, aber auch die mehrfache Nutzung von ausgelagerten oder zentral durchgeführten Teilprozessen.

In der Praxis findet man aber häufig noch eine andere Art der Wiederverwendung, und zwar die Verwendung desselben Teilmodells an mehreren Stellen in verschiedenen Prozessmodellen. Hierbei wird der betreffende Unterprozess zumeist von der Organisationseinheit durchgeführt, die auch den übergeordneten Prozess durchführt.

Dies spart zum einen Arbeit bei der Modellierung, zum anderen hilft es bei der Standardisierung von Abläufen. Durch die mehrfache Verwendung desselben Teilmodells ist sichergestellt, dass gleichartige Aufgaben überall auf die gleiche Weise durchgeführt werden. Änderungen müssen nur an einer Stelle durchgeführt werden und stehen dann automatisch überall zur Verfügung, wo der betreffende Teilprozess verwendet wird.

Da in diesem Fall der eingebundene Unterprozess jeweils zum unmittelbaren Bestandteil des übergeordneten Prozesses wird, ist es hier durchaus vertretbar, dass im übergeordneten Prozess bestimmte Voraussetzungen und bestimmte Daten vorliegen müssen. Somit ist es auch nicht erforderlich, Übergabeparameter und Datentransformationen zu definieren. Allerdings sollte man beim wiederzuverwendenden Prozess dokumentieren, welche Voraussetzungen der aufrufende Prozess erfüllen muss und welche Daten dort vorhanden sein müssen, damit die Einbindung des Unterprozesses zu einem sinnvollen und korrekten Modell führt.

Prinzipiell sollte man aber anstreben, möglichst wenige Abhängigkeiten zum übergeordneten Prozess zu haben, da es sonst meist nur wenige Prozesse gibt, die die notwendigen Voraussetzungen für die Einbindung des Unterprozesses aufweisen. Die Möglichkeiten zur Wiederverwendung sind dann stark eingeschränkt. Auch müssen bei Änderungen des mehrfach genutzten Unterprozesses ggf. alle Prozesse angepasst werden, die ihn verwenden.

Da es nicht um einen Aufruf eines separat implementierten Teilprozesses geht und keine Übergabeparameter und Datentransformationen erforderlich sind, handelt es sich in dem hier betrachteten Fall nicht um einen wiederverwendbaren Unterprozess, sondern um eine Referenz (engl. „Reference") auf einen anderen Prozess. Neben Prozessen können auch Tasks referenziert werden.

Auch für Referenzen ist gemäß Standard kein spezielles Symbol vorgegeben, eine Aktivität wird durch ein Attribut als Referenz gekennzeichnet.

7.5 Schleifen und Mehrfach-Aktivitäten

Häufig werden Aktivitäten in einem Prozess mehrfach wiederholt. Dies lässt sich mit Hilfe von Schleifen (engl. „Loop") modellieren. In Abbildung 107 soll eine Bestellung für alle Mitarbeiter durchgeführt werden (z. B. für neu gestaltete Visitenkarten). Hierzu wird zunächst der Bedarf erhoben. Da evtl. nicht alle Mitarbeiter sofort erreichbar sind, wird dieser Task solange wiederholt, bis alle Mitarbeiter ihren Bedarf gemeldet haben. Anschließend wird ein Angebot eingeholt. Ist das Angebot nicht zufriedenstellend, so wird erneut ein Angebot eingeholt. Die Angebotseinholung wird solange wiederholt, bis endlich ein geeignetes Angebot eingegangen ist. Erst dann geht es mit dem Aufgeben der Bestellung weiter.

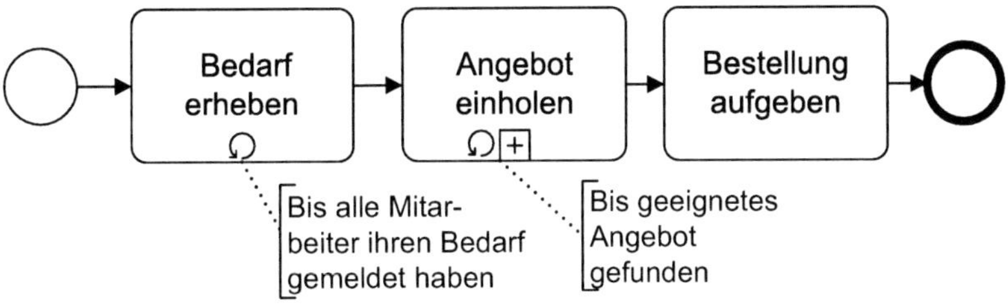

Abbildung 107: Schleifen-Aktivitäten

Schleifen-Aktivitäten werden durch einen kleinen kreisförmigen Pfeil am unteren Rand gekennzeichnet. Auch Unterprozesse können als Schleife gekennzeichnet werden, und zwar sowohl in der eingeklappten als auch der expandierten Form. Abbildung 108 zeigt den Prozess mit aufgeklapptem Schleifen-Unterprozess.

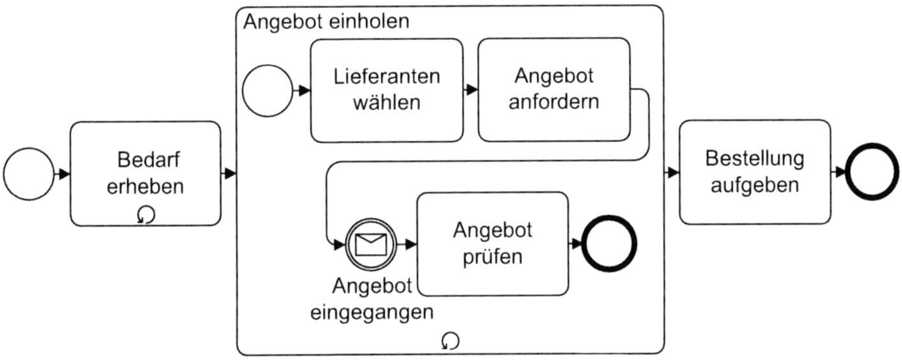

Abbildung 108: Expandierter Schleifen-Unterprozess

Damit eine Schleife nicht endlos wiederholt wird, muss angegeben werden, wie oft sie durchlaufen werden soll. In der Regel verwendet man hierzu eine Abbruchbedingung. Die Schleife wird solange durchlaufen, bis die Abbruchbedingung erfüllt ist. In Abbildung 107 sind die Abbruchbedingung in Form von Anmerkungen als informelle Texte notiert. So wird die Aktivität „Bedarf erheben" solange durchgeführt, bis die Bedingung „Alle Mitarbeiter haben ihren Bedarf gemeldet" zutrifft.

Anstelle einer Abbruchbedingung kann umgekehrt auch eine Bedingung für die weitere Ausführung der Schleife definiert werden. Die Schleifen-Aktivität wird dann solange wiederholt, solange die Bedingung zutrifft. Erst wenn sie nicht mehr zutrifft, wird die Schleife abgebrochen.

Für einen automatisierten Prozess, der von einer Process Engine ausgeführt wird, müssen derartige Bedingungen in einer formalen, von der jeweiligen Process Engine auswertbaren Sprache (z. B. eine Programmiersprache) formuliert werden. Die BPMN sieht hierfür ein Attribut für die vor, wobei die zu verwendende formale Sprache Sache der jeweiligen Process Engine ist. Die einzelnen Attribute sind in Anhang C erläutert.

Neben der Abbruch- oder Wiederholungsbedingung selbst können noch eine minimale und eine maximale Zahl von Schleifendurchläufen hinterlegt werden. Außerdem kann bestimmt werden, ob die Bedingung jeweils vor oder nach dem Durchlaufen der Schleife überprüft wird. Wird sie immer vor dem Schleifendurchlauf ausgewertet, so kann es vorkommen, dass die Bedingung für den Abbruch bereits von vornherein zutrifft, und die Schleife überhaupt nicht durchlaufen wird. Bei Überprüfung nach dem Schleifendurchlauf erfolgt hingegen mindestens ein Schleifendurchlauf.

Für Prozessmodelle, die nicht automatisch ausgeführt werden sollen, empfiehlt es sich, die Bedingungen als gut verständlichen Text in einer Anmerkung zu notieren.

Natürlich lassen sich Schleifen auch ganz anders modellieren, nämlich mit Hilfe eines verzweigenden exklusiven Gateways nach der mehrfach zu durchlaufenden Aktivität. Es läuft dann einer der beiden Sequenzflüsse zurück und mündet über einen zusammenführenden exklusiven Gateway wieder in dieselbe Aktivität. Abbildung 109 zeigt verschiedene Darstellungsformen für Schleifen: Mittels Schleifen-Aktivitäten (oben) sowie mittels zurückführenden Sequenzflüssen, einmal dargestellt mit Gateways (Mitte) und einmal mit bedingten Sequenzflüssen (unten).

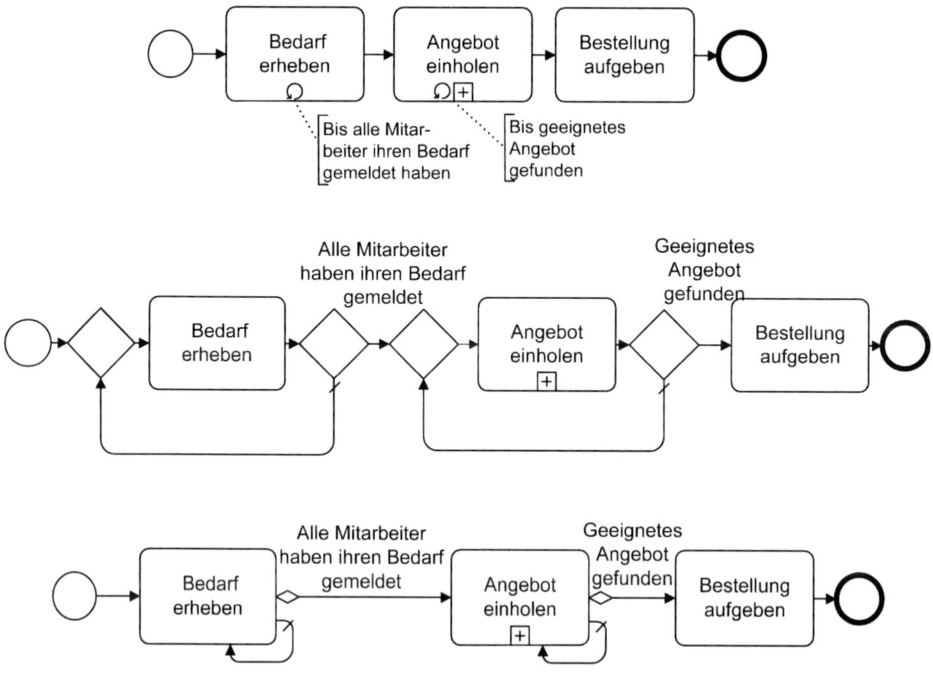

Abbildung 109: Verschiedene Darstellungsformen für Schleifen

Welche dieser Darstellungsformen man wählt ist, eine Frage des Modellierungs-Stils. Oftmals werden in fachlichen Modellen eher die zurücklaufenden Sequenzflüsse verwendet, da die Schleife hier optisch deutlicher erkennbar ist. Für automatisierte Prozesse werden zumeist Schleifen-Aktivitäten bevorzugt, da diese besser automatisch verarbeitet werden können. Mit zurücklaufenden Sequenzflüssen lassen sich unter Umständen sehr komplexe, ineinander geschachtelte Zyklen modellieren, die sehr anfällig für Modellierungsfehler sind, so dass der Prozess bei seiner Ausführung evtl. stecken bleibt.

Eine besondere Art von mehrfach durchgeführten Aktivitäten trägt im Englischen die Bezeichnung „Multiple Instance“, zu Deutsch etwa „Mehrfach-Instanz“. Der Einfachheit halber wird diese hier nur als „Mehrfach-Aktivität“ bezeichnet. Sie wird durch drei parallele senkrechte Striche am unteren Rand gekennzeichnet.

Eine Mehrfach-Aktivität kann verwendet werden, wenn man es mit einer Menge von zu bearbeitenden Objekten zu tun hat, und eine bestimmte Aktivität für jedes Element dieser Menge ausgeführt werden soll.

So wird im Prozess aus Abbildung 110 zunächst ein Lieferschein erfasst. Ein solcher Lieferschein enthält in der Regel mehrere einzelne Lieferscheinpositionen. Die Aktivität „Lieferscheinposition prüfen“ muss für jede dieser Positionen einmal durchgeführt werden. Die Zahl der Durchführungen wird also durch die Zahl der Lieferscheinpositionen bestimmt. Anschließend wird jede Lieferscheinposition mit der zugehörigen Bestellposition abgeglichen. Daher wird auch der Unterprozess „Mit Bestellposition abgleichen“ als Mehrfachaktivität durchgeführt.

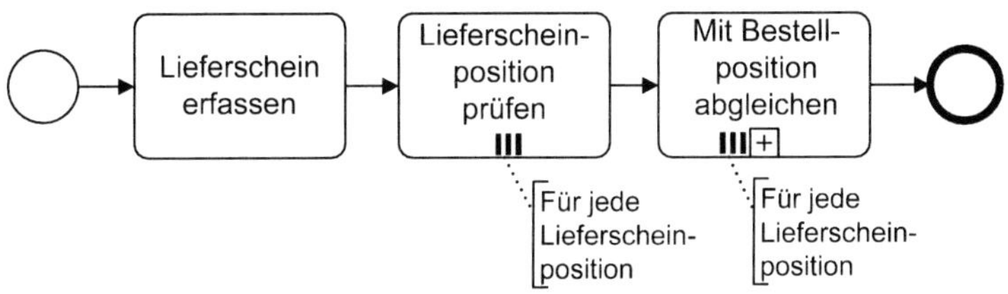

Abbildung 110: Mehrfach-Aktivitäten

Über entsprechende Attribute lässt sich ggf. mittels formaler Ausdrücke hinterlegen, für welche Elemente die Aktivität jeweils durchgeführt werden soll. Oder aber man verwendet wiederum Anmerkungen wie in Abbildung 110.

Prinzipiell lässt sich das entsprechende Verhalten auch mit Hilfe von Schleifen (Schleifen-Aktivitäten oder zurückführende Sequenzflüsse) modellieren. Dies ist in Abbildung 111 beispielhaft für die Aktivität „Lieferscheinposition prüfen“ gezeigt.

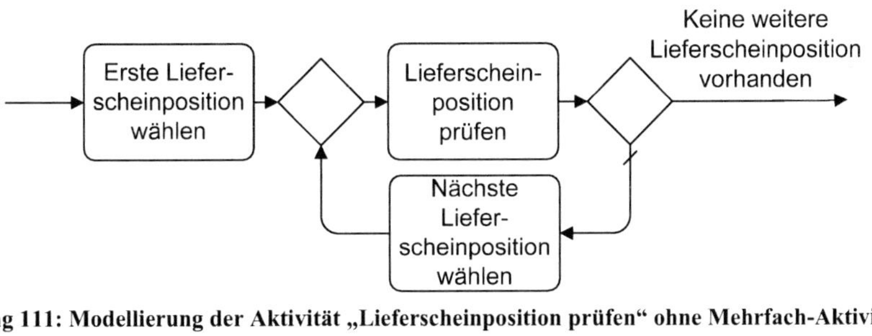

Abbildung 111: Modellierung der Aktivität „Lieferscheinposition prüfen“ ohne Mehrfach-Aktivität

Verwendet man hingegen eine Mehrfach-Aktivität, so kann man auf die recht trivialen Hilfs-Tasks „Erste Lieferscheinposition wählen“ und „Nächste Lieferscheinposition wählen“ verzichten. Außerdem muss die Aktivität nicht zwangsläufig sequenziell in einer bestimmten Reihenfolge durchlaufen werden. Die einzelnen Objekte können stattdessen auch in beliebiger Reihenfolge und parallel bearbeitet werden.

Im Gegensatz zu einer Schleifen-Aktivität lässt sich bei einer Mehrfach-Aktivität die Zahl der benötigten Durchläufe im Voraus bestimmen, da die Menge der einzeln zu bearbeitenden Objekte vorliegt und die Zahl der Objekte bekannt ist.

7.6 Ad-hoc-Unterprozesse

Ein Ad-hoc-Unterprozess (engl. „Ad Hoc Sub-Process“) wird mit einer Tilde gekennzeichnet. Bei ihm sind zwar die enthaltenen Aktivitäten festgelegt, die Reihenfolge ihrer Durchführung ist vorher hingegen nicht bekannt, sie ergibt sich erst während der Durchführung. Typische Beispiele sind kreative, wissensintensive Abläufe, bei denen die beteiligten Mitarbeiter aufgrund des Verlaufs situativ entscheiden, wann welche Aktivität durchgeführt wird. Auch Wiederholungen und parallele Bearbeitungen sind möglich.

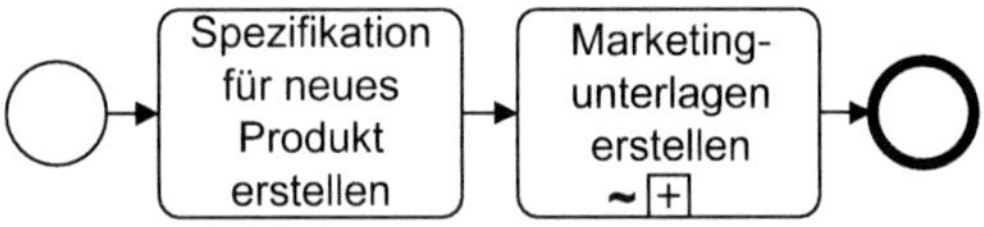

Abbildung 112: Ad-hoc-Unterprozess

Abbildung 112 enthält den Ad-hoc-Unterprozess „Marketingunterlagen erstellen“. Die expandierte Darstellung in Abbildung 113 zeigt die durchzuführenden Aktivitäten. Da ihre Reihenfolge nicht vorher bekannt ist, wird in einem Ad-hoc-Unterprozess kein Sequenzfluss dargestellt.

Die Tilde als Ad-hoc-Symbol kann nur bei Unterprozessen verwendet werden, nicht jedoch bei Tasks.

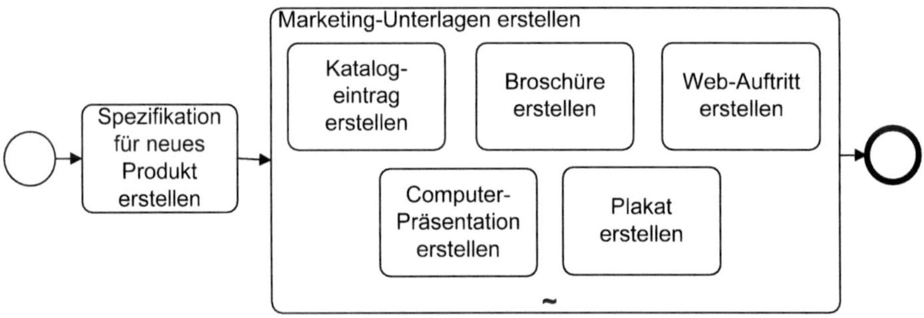

Abbildung 113: Expandierter Ad-hoc-Unterprozess

7.7 Typen von Tasks

Die in einem Prozess durchgeführten Tasks lassen sich in verschiedene Typen unterteilen. Die BPMN-Spezifikation gibt eine Reihe solcher Typen vor, wobei die Unterteilung sehr stark aus Sicht der Prozessautomatisierung mit Hilfe von Process Engines getroffen wurde. Folgende vordefinierte Typen stehen zur Verfügung:

- Service
  Hierbei handelt es sich um eine automatisierte Funktion, z. B. den Aufruf einer Anwendungsfunktion oder eines Web Service.

- Receive
  Ein solcher Task empfängt eine Nachricht. Er entspricht einem Nachrichten-empfangenden Ereignis.

- Send
  Ein derartiger Task sendet eine Nachricht. Er entspricht einem Nachrichten-sendenden Ereignis.

- User
  Ein User-Task erwartet Eingaben durch einen Benutzer. Dies ist ein typischer Task im Rahmen eines sogenannten „Human Interaction Workflows" (Workflow mit Benutzer-Interaktion), bei dem ein Benutzer sämtliche zu bearbeitenden Aufgaben in einer Task-Liste angezeigt bekommt, dort eine Aufgabe auswählt, und diese dann durch Eingaben in einen Dialog bearbeitet.

- Script
  Ein Script enthält Logik, die von der Process Engine direkt ausgeführt wird.

- Manual
  Dies ist eine manuelle Tätigkeit ohne IT-Unterstützung.

- Reference
  Eine Referenz verweist auf eine anderswo definierte Aktivität (vgl. Abschnitt 7.4).

- None
  Es ist kein Typ definiert.

Es ist auch möglich, selbst weitere Typen von Tasks zu definieren. Die Festlegung des Typs erfolgt mit Hilfe eines Attributs, eine grafische Unterscheidung der verschiedenen Typen ist nicht vorgesehen.

Allerdings ist es möglich, die BPMN-Symbole selbst zu erweitern (vgl. Abschnitt 10.3). Verschiedene Modellierungstool-Hersteller haben diese Möglichkeit genutzt, um die Typen grafisch kenntlich zu machen. Abbildung 114 zeigt die im Tool „TIBCO Business Studio" verwendeten Icons.

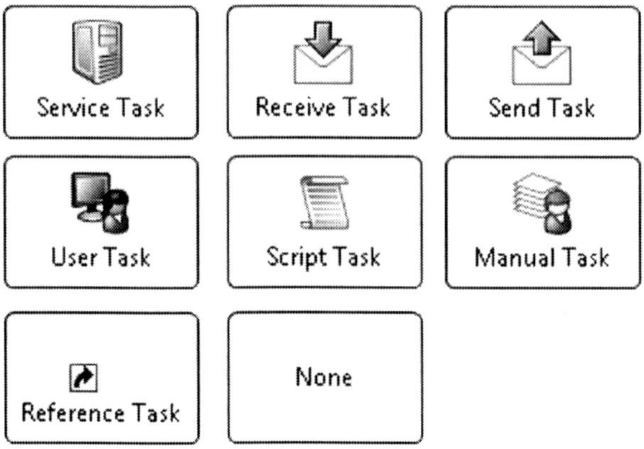

Abbildung 114: Beispiel für Kennzeichnung der verschiedenen Typen von Aktivitäten durch Symbole im TIBCO Business Studio

8 Behandlung von Ausnahmen

Zumeist ist es vergleichsweise einfach, den Prozessablauf zu modellieren, wie er im Normalfall erfolgt. Schwieriger und aufwändiger ist die Erfassung und Dokumentation von Sonderfällen und Ausnahmen. Die BPMN enthält eine Reihe von Konstrukten, die speziell der Modellierung von Ausnahmen sowie der Behandlung von Fehlern dienen.

Manchmal tritt während der Durchführung einer Aktivität ein Ereignis auf, das zum vorzeitigen Abbruch der Aktivität führt. Absolviert man eine Prüfung oder einen Test, so kann es vorkommen, dass die Bearbeitungszeit abläuft bevor man den Test komplett bearbeitet hat. Es tritt also das zeitliche Ereignis „Bearbeitungszeit abgelaufen“ während der Bearbeitung des Tests ein. Dies führt zum Abbruch dieser Aktivität.

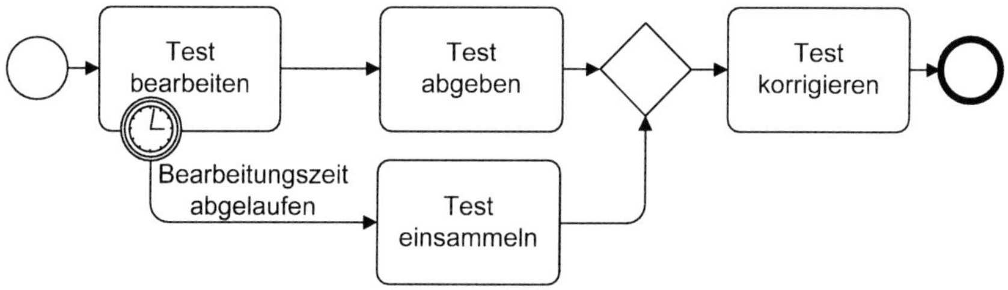

Abbildung 115: Abbruch einer Aktivität durch ein zeitliches Zwischen-Ereignis

Hierzu wird das abbrechende Ereignis an die Aktivität „angeheftet“, d. h. auf ihrem Rand platziert (Abbildung 115). Da das Ereignis innerhalb des Prozessablaufs stattfindet, handelt es sich um ein Zwischen-Ereignis. Die Aktivität „Test bearbeiten“ hat nun zwei ausgehende Sequenzflüsse: einen gewöhnlichen, direkt aus der Aktivität herausführenden, und einen Ausnahmefluss, der aus dem angehefteten Zwischen-Ereignis herausführt.

Tritt das Ereignis „Bearbeitungszeit abgelaufen“ während der Testdurchführung nicht ein, so wird die Aktivität ganz regulär abgeschlossen, und eine Marke wird über den gewöhnlichen, nach rechts führenden Sequenzfluss ausgegeben und zur Aktivität „Test abgeben“ weitergeleitet.

Tritt das Ereignis hingegen ein, so wird die Aktivität abgebrochen, und es wird stattdessen eine Marke über den nach unten herausführenden Ausnahmefluss ausgegeben, d. h. als nächstes wird in diesem Fall der Test eingesammelt. Über den Sequenzfluss zu „Test abgeben“ kommt in diesem Fall keine Marke mehr, da die Aktivität ja abgebrochen wurde. Das angeheftete Ereignis hat prinzipiell nur dann eine Auswirkung, wenn es während der Durchführung der betreffenden Aktivität eintritt. Tritt es früher oder später ein, so wird es ignoriert.

Auch an einen Unterprozess lässt sich ein abbrechendes Ereignis anheften. Bei dem in Abbildung 116 dargestellten Prozess wird der komplette Unterprozess „Auftrag bearbeiten“ abgebrochen, wenn eine Stornierung eintrifft. Hierbei wird alles, was innerhalb des Unterprozesses passiert, komplett gestoppt. Wird gerade eine der drei Aktivitäten bearbeitet, so wird diese abgebrochen. Noch nicht begonnene Aktivitäten werden nicht mehr durchgeführt. Beim Abbruch eines Unterprozesses werden alle Marken, die sich darin befinden, herausgenommen, und es wird eine Marke über den Ausnahmefluss am abbrechenden Ereignis ausgegeben.

Ist in dem Beispiel der Auftrag fertig bearbeitet, so sind keine Stornierungen mehr möglich. Geht dann noch eine Stornierung ein, so wird sie ignoriert.

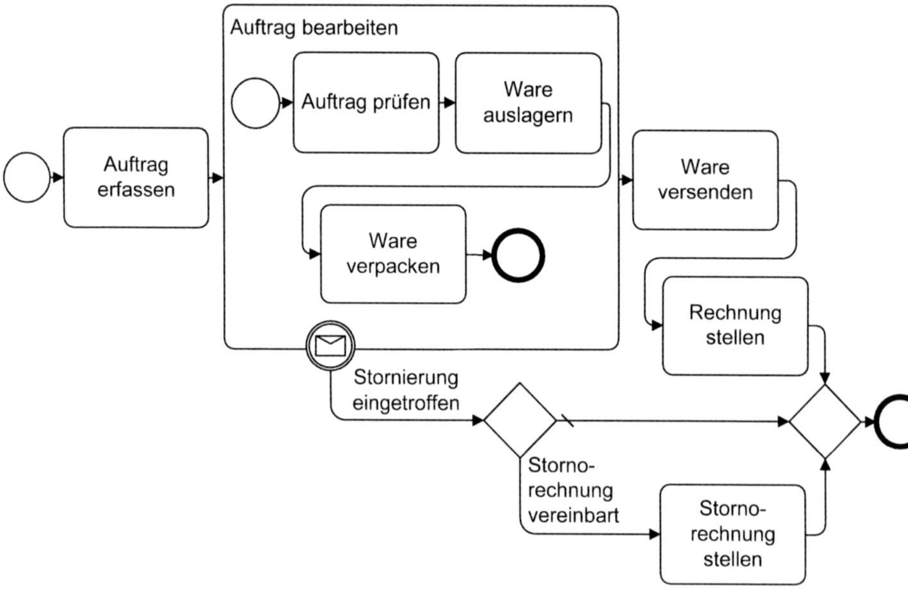

Abbildung 116: Abbruch eines Unterprozesses beim Eintreffen einer Nachricht

Verwendet man ein angeheftetes Zwischen-Ereignis, so ist es auch möglich, ganz auf einen gewöhnlichen ausgehenden Sequenzfluss zu verzichten und die Aktivität ausschließlich mittels eines Abbruchs zu verlassen.

In Abbildung 117 ist der Arbeitsalltag einer Wachfrau oder eines Wachmannes modelliert. Da die Aktivität „Objekt bewachen" kein natürliches Ende hat, wird sie prinzipiell durch das zeitliche Ereignis „Feierabend" beendet.

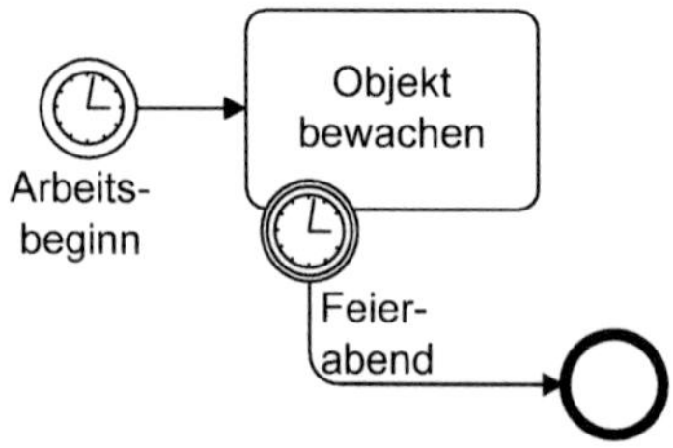

Abbildung 117: Aktivität ohne regulär ausgehenden Sequenzfluss

Weniger gelungen ist das Modell in Abbildung 118. Hier wird die Aktivität „Brötchen verkaufen" solange wiederholt, bis die Schließzeit der Bäckerei erreicht ist. Problematisch ist hierbei, dass die Aktivität bei Erreichen der Schließzeit sofort abgebrochen wird. Ist der Verkäufer oder die Verkäuferin zur Schließzeit gerade mitten im Verkauf von Brötchen, so wird er oder sie in der Praxis den Verkauf noch fertigstellen und erst dann die Arbeit beenden.

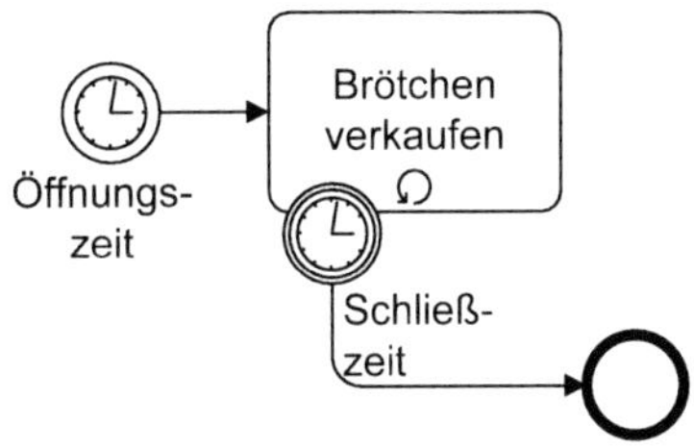

Abbildung 118: Schleifen-Aktivität mit Abbruch duch ein angeheftetes Zwischen-Ereignis

Dieses Beispiel würde man besser gemäß Abbildung 119 mittels einer Abbruchbedingung der Schleife modellieren. Die Abbruchbedingung wird nämlich nur nach jedem Schleifendurchlauf überprüft, so dass ein zur Schließzeit gerade laufender Verkauf noch abgeschlossen wird, bevor der Prozess beendet ist.

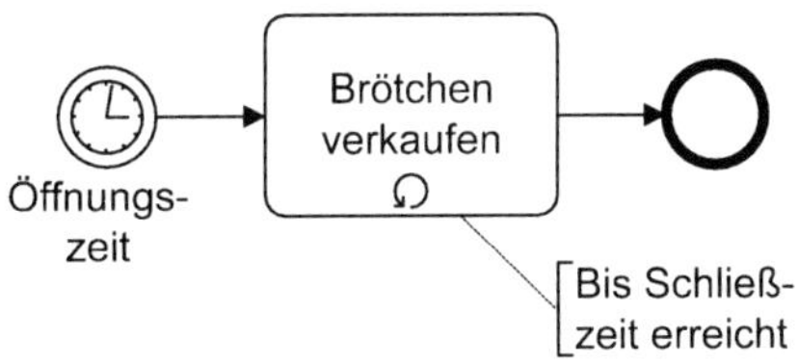

Abbildung 119: Verbesserter Prozess

Die Behandlung von Ausnahmen ist häufig auch deshalb erforderlich, weil ein Fehler auftritt. Dafür gibt es einen weiteren Zwischen-Ereignis-Typ „Fehler". Anders als die bisher besprochenen Zwischen-Ereignisse können die durch ein Blitz-Symbol gekennzeichneten Fehler-Zwischen-Ereignisse nicht innerhalb des normalen Sequenzflusses verwendet, sondern nur an den Rand von Aktivitäten geheftet werden.

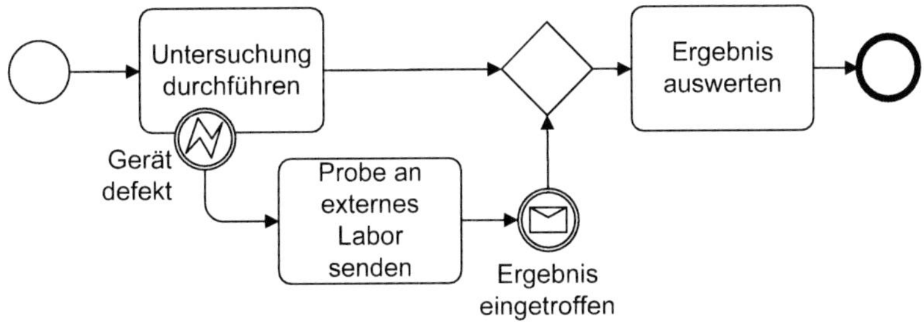

Abbildung 120: Ausnahmebehandlung beim Auftreten eines Fehlers

In Abbildung 120 ist die Analyse einer Probe in einem Labor modelliert. Zunächst wird eine Untersuchung durchgeführt, anschließend das Ergebnis ausgewertet. Stellt sich während der Untersuchung heraus, dass das verwendete Untersuchungsgerät defekt ist, so ist dies ein Fehler, der die normale Ausführung des Prozesses verhindert. Für diesen Fall ist ein Ausnahmefluss modelliert, bei dem die Probe an ein externes Labor geschickt wird.

Bei der Aktivität, die durch einen Fehler-Aktivität abgebrochen wird, kann es sich auch um einen Unterprozess handeln. In diesem Unterprozess kann man modellieren, wie und an welcher Stelle der betreffende Fehler entsteht. Hierfür gibt es neben dem bisher verwendeten empfangenden Fehler-Ereignis auch noch ein sendendes Fehler-Ereignis.

Abbildung 121 zeigt einen Unterprozess mit zwei sendenden Fehler-Ereignissen. Nach dem Entnehmen einer Probe wird im Unterprozess die Probe zunächst untersucht. Im Normalfall wird anschließend das Ergebnis überprüft. Ist das Ergebnis plausibel, so ist der Unterprozess damit regulär beendet. Ist das Ergebnis hingegen nicht plausibel, so stellt dies einen Fehler dar, und es tritt das sendende Fehler-Ereignis „Ergebnis nicht plausibel“ ein. In diesem Fall wird der Unterprozess abgebrochen und der gesendete Fehler wird vom Fehler-Zwischen-Ereignis am Rand des Unterprozesses „aufgefangen“. Es wird dann dem Ausnahme-Sequenzfluss gefolgt und die Aktivität „Externe Untersuchung in Auftrag geben“ durchgeführt.

Innerhalb des Unterprozesses gibt es eine weitere Fehlermöglichkeit: Stellt sich bei der Aktivität „Probe untersuchen“ heraus, dass das Gerät defekt ist (hier ebenfalls durch ein empfangendes Fehler-Ereignis modelliert), so wird das Gerät repariert. War die Reparatur erfolgreich, so wird erneut mit der Untersuchung der Probe begonnen. War sie hingegen nicht erfolgreich, so tritt das sendende Fehler-Ereignis „Gerät ausgefallen“ ein. Auch in diesem Fall wird der Unterprozess abgebrochen, und der gesendete Fehler wird vom Fehler-Zwischen-Ereignis am Rand aufgefangen, wodurch wiederum der Ausnahmefluss zur Aktivität „Externe Untersuchung in Auftrag geben“ gestartet wird.

Wie bei anderen Ereignis-Typen auch, steht das ausgefüllte Symbol für ein sendendes, das nicht ausgefüllte Symbol für ein empfangendes Ereignis. Bei sendenden Fehler-Ereignissen handelt es sich immer um End-Ereignisse, da diese den betreffenden Unterprozess komplett abbrechen. Empfangende Fehler-Ereignisse hingegen sind immer Zwischen-Ereignisse. Sie können ausschließlich an den Rand von Tasks oder Unterprozessen geheftet werden.

In Abbildung 121 gibt es zwei unterschiedliche sendende Fehler-Ereignisse im Unterprozess. Da das Fehler-Zwischen-Ereignis am Rand keine Bezeichnung trägt, empfängt es jeden beliebigen Fehler, der im Inneren des Unterprozesses auftritt – unabhängig davon, von welchem sendenden Fehler-Ereignis er ausgeht.

In manchen Fällen soll es jedoch für die verschiedenen Fehler unterschiedliche Ausnahmeflüsse geben. Hierzu kann man mehrere empfangende Fehler-Ereignisse an den Rand des Unterprozesses heften und diese mit den Namen der sendenden Fehler-Ereignisse bezeichnen. Dann reagiert jedes dieser Ereignisse nur auf die Fehler des gleichnamigen sendenden Fehler-Ereignisses.

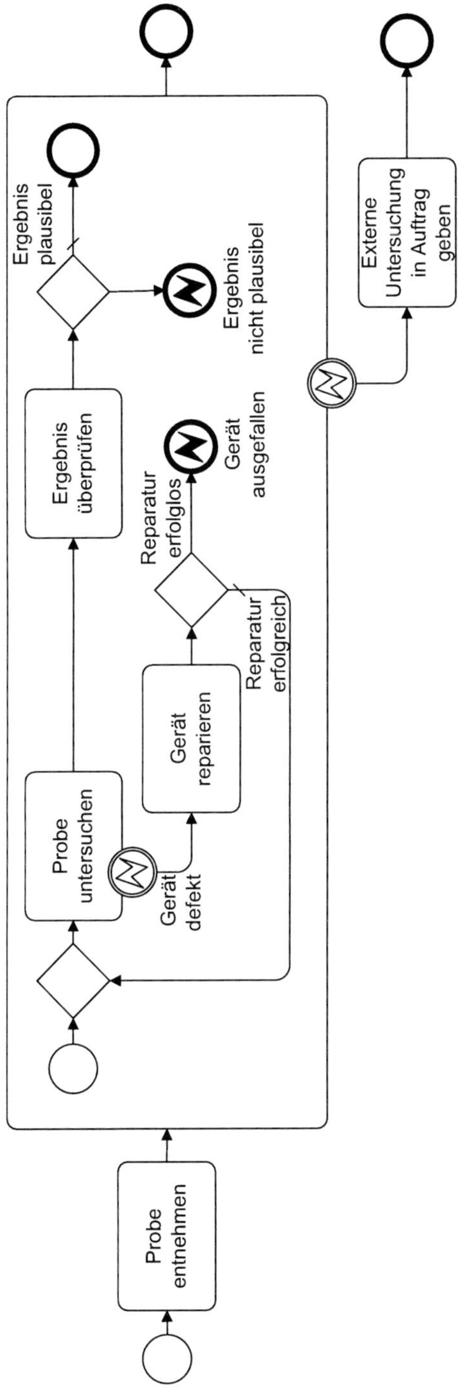

Abbildung 121: Im Unterprozess auftretende Fehler werden an das Fehler-Ereignis am Rand weitergereicht

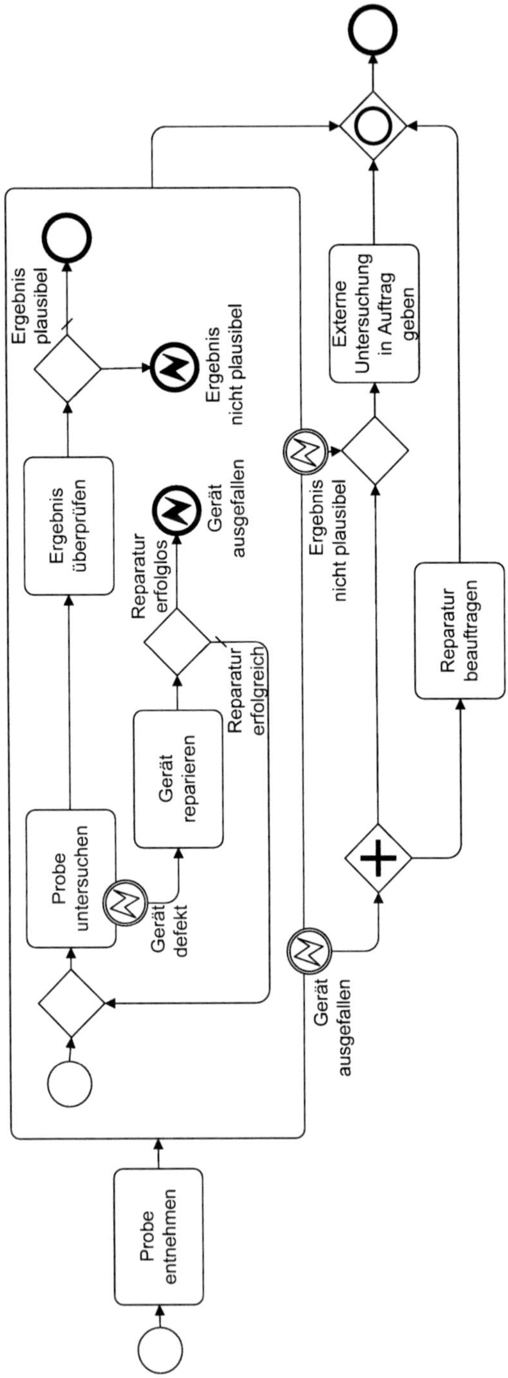

Abbildung 122: Unterschiedliche Fehlerbehandlungen durch benannte Fehler-Ereignisse

Das Modell in Abbildung 122 macht von dieser Möglichkeit Gebrauch. Tritt der Fehler „Ergebnis nicht plausibel“ ein, so soll wie im vorangehenden Fall eine externe Untersuchung in Auftrag gegeben werden. Tritt hingegen der Fehler „Gerät ausgefallen“ ein, so soll zusätzlich eine Reparatur in Auftrag gegeben werden, z. B. beim Hersteller.

Wenn am Rand eines Unterprozesses mehrere Zwischen-Ereignisse vom Typ Fehler angeheftet sind, so sollten diese prinzipiell mit einer Bezeichnung versehen sein. Da ein unbenanntes Fehler-Zwischen-Ereignis prinzipiell alle Fehler empfängt, reagiert es auch auf die Fehler, für die eigene benannte Zwischen-Ereignisse vorhanden sind. Die hierdurch implizit entstehenden parallelen Flüsse sind schwer zu überblicken.

9 Transaktionen und Kompensationen

Von Transaktionen spricht man in verschiedenen Zusammenhängen. So gibt es etwa geschäftliche Transaktionen, wie z. B. eine Überweisung von einem Konto auf ein anderes Konto. In der Informatik sind insbesondere Datenbank-Transaktionen bekannt. Gemeinsam haben die Transaktionen, dass sie stets vollständige, in sich abgeschlossene Vorgänge darstellen. Eine Transaktion kann entweder ganz oder gar nicht durchgeführt werden. Geht etwas schief, so wird die Transaktion komplett rückgängig gemacht.

Wird etwa bei der Überweisung festgestellt, dass die angegebene Empfänger-Kontonummer nicht existiert, so wird die Summe zurücküberwiesen. Stürzt der Computer während der Speicherung eines Kundendatensatzes ab, so sorgt das Datenbanksystem dafür, dass die Datenbank anschließend in den Zustand vor Beginn der Speicherung dieses Datensatzes zurückversetzt wird. So wird verhindert, dass sich unvollständige Daten in der Datenbank befinden und die Datenbank in einen inkonsistenten Zustand gerät.

Auch Teile von Geschäftsprozessen können als Transaktionen behandelt werden. Als typisches Beispiel wird häufig die Buchung einer Reise genannt, bei der Flug und Hotel einzeln gebucht werden. Die Reisebuchung ist nur dann erfolgreich, wenn sowohl die Flug- als auch die Hotelbuchung erfolgreich durchgeführt wurden. Wird etwa ein Hotel gebucht, und stellt sich anschließend heraus, dass kein Flug mehr verfügbar ist, so ist die Reisebuchung insgesamt nicht erfolgreich. In diesem Fall muss die Hotelbuchung wieder rückgängig gemacht, d. h. beim Hotel storniert werden. Da sich Buchungen mit den erforderlichen Anfragen und Antworten über viele Tage hinziehen können, spricht man im Zusammenhang mit Geschäftsprozess-Transaktionen auch von langlaufenden Transaktionen.

Zur Modellierung von Transaktionen wird noch einmal der Prozess aus Abbildung 116 auf Seite 98 betrachtet. Dort wird der Unterprozess „Auftrag bearbeiten“ abgebrochen, wenn das Ereignis „Stornierung eingetroffen“ eintritt. Gemäß dem Modell wird eventuell noch eine Stornorechnung gestellt, ansonsten ist der Prozess beendet.

Betrachtet man den Unterprozess genauer, so stellt man fest, dass im Falle des Abbruchs eigentlich noch mehr getan werden muss. Im Unterprozess wird zunächst der Auftrag geprüft, anschließend wird die Ware ausgelagert und schließlich verpackt. Je nachdem, wann die Stornierung eintrifft, ist es möglich, dass die Ware bereits ausgelagert bzw. verpackt ist. In diesen Fällen muss die Ware nach der Stornierung wieder eingelagert bzw. zuerst ausgepackt und dann eingelagert werden.

Es müssen also die Wirkungen der bereits erfolgten Aktivitäten wieder aufgehoben werden. Hierzu kann man für die einzelnen Aktivitäten des Unterprozesses kompensierende, also ausgleichende Aktivitäten definieren. „Auftrag prüfen“ muss nicht kompensiert werden. Für „Ware auslagern“ lässt sich die kompensierende Aktivität „Ware einlagern“ definieren, für „Ware verpacken“ wäre dies „Ware auspacken“.

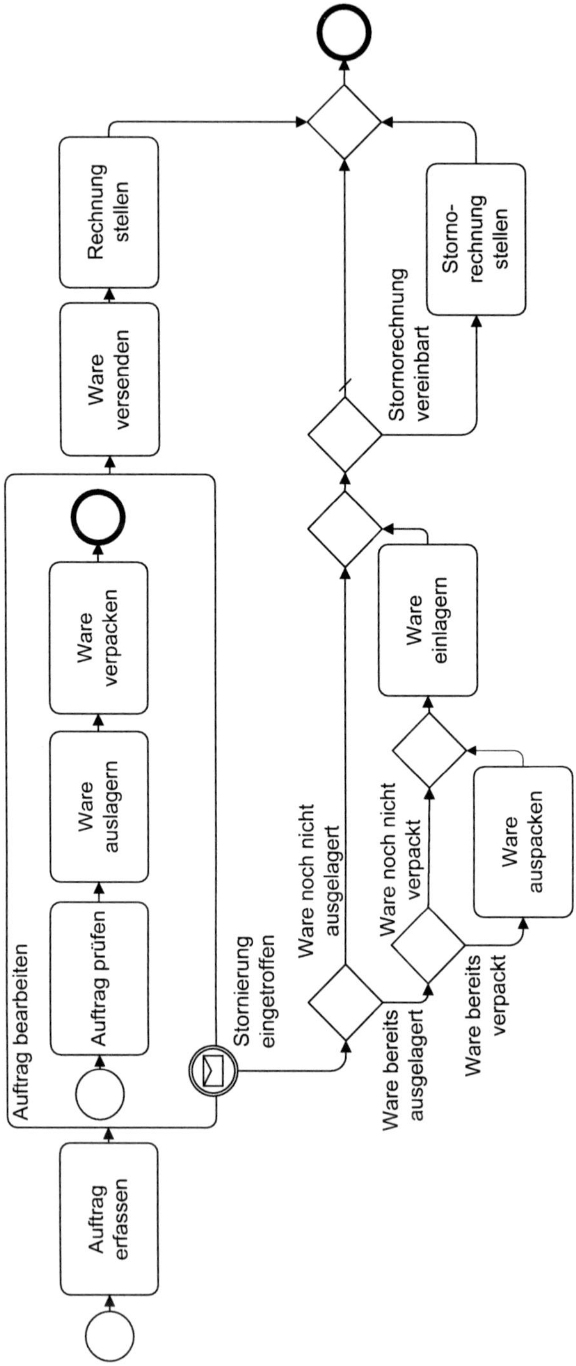

Abbildung 123: Bei einer Stornierung werden die Wirkungen der bereits durchgeführten Aktivitäten rückgängig gemacht

Abbildung 123 zeigt, wie man die erforderlichen Kompensationen mit herkömmlichen BPMN-Konstrukten modellieren könnte. Im Ausnahmefluss, der auf das abbrechende Ereignis folgt, wird zunächst überprüft, ob die Ware bereits ausgelagert wurde. Ist sie noch nicht ausgelagert, so braucht nichts getan zu werden.

Ist sie bereits ausgelagert, so wird weiterhin geprüft, ob sie auch schon verpackt ist. In diesem Fall wird zunächst die Aktivität „Ware auspacken“ durchgeführt. In beiden Fällen wird die Ware als nächstes wieder eingelagert.

Dieses Modell ist recht umständlich. Die Behandlung der Ausnahme ist umfangreicher als der gewöhnliche Ablauf. Man kann sich leicht vorstellen, was passiert, wenn der Unterprozess viel mehr Aktivitäten enthält, die aufgrund von Verzweigungen in verschiedenen Reihenfolgen durchlaufen werden. Der Teil des Modells, der die Ausführung der Kompensations-Aktivitäten beschreibt, wird riesig, da mit Hilfe von Gateways sämtliche mögliche Kombinationen bereits durchgeführter Aktivitäten unterschieden werden müssen.

Eine andere Möglichkeit, diesen Sachverhalt zu modellieren, wird in Abbildung 124 gezeigt. Der Unterprozess „Auftrag bearbeiten“ ist hier mit einer doppelten Umrandung als Transaktion gekennzeichnet. Da eine Transaktion entweder ganz oder gar nicht durchgeführt wird, führt ein Abbruch der Transaktion automatisch dazu, dass die Wirkungen aller bereits in der Transaktion durchgeführten Aktivitäten rückgängig gemacht werden. Hierzu ist jeder Aktivität, für die eine Kompensation erforderlich ist, eine Kompensations-Aktivität zugeordnet.

So ist die Aktivität „Ware einlagern“ durch ein aus zwei Pfeilspitzen bestehendes Rückspul-Symbol als Kompensations-Aktivität gekennzeichnet. Sie kompensiert die Aktivität „Ware auslagern“. Diese Zuordnung ist mittels eines Kompensations-Zwischen-Ereignisses am Rand der zu kompensierenden Aktivität und eine Kompensations-Assoziation modelliert.

Zwischen-Ereignisse vom Typ Kompensation dienen ausschließlich dem hier gezeigten Zweck, d. h. sie werden immer an den Rand einer Aktivität geheftet, und sie haben immer eine ausgehende Kompensations-Assoziation, die zur kompensierenden Aktivität läuft. Die Kompensations-Assoziation ist eine gepunktete Linie mit Pfeil. Sie sollte nicht mit den gestrichelt dargestellten Nachrichtenflüssen verwechselt werden.

Der Aktivität „Auftrag prüfen“ ist keine kompensierende Aktivität zugeordnet, da sie keine Auswirkungen hat, die rückgängig gemacht werden müssten. Ein geprüfter Auftrag kann nicht „ungeprüft“ gemacht werden.

Wird nun die Transaktion abgebrochen, so wird überprüft, welche Aktivitäten bereits durchgeführt wurden. Nur für diese werden nacheinander die zugeordneten Kompensations-Aktivitäten durchgeführt – und zwar in umgekehrter Reihenfolge zu den ursprünglichen Aktivitäten.

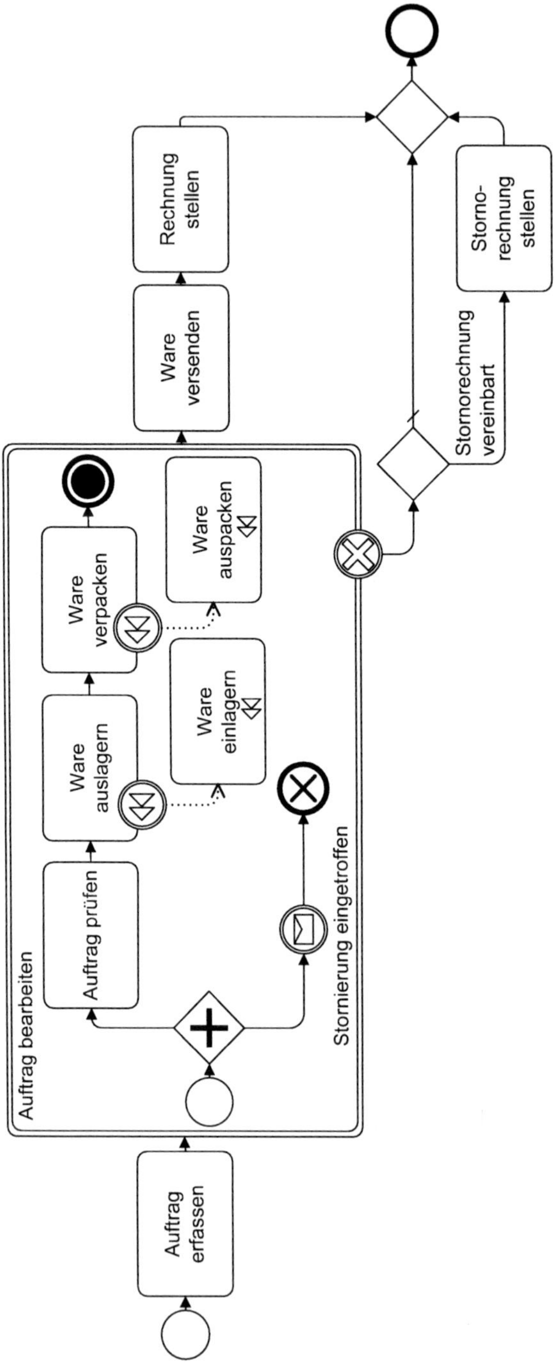

Abbildung 124: Modellierung mit einer Transaktion und Kompensations-Aktivitäten

Für den hier modellierten Prozess bedeutet dies: Wurde nur die Aktivität „Auftrag prüfen“ durchgeführt, finden bei einem Abbruch keine Kompensationen statt, da zu dieser Aktivität keine kompensierende Aktivität definiert ist. Wurde die Ware bereits ausgelagert, so wird beim Abbruch „Ware einlagern“ durchgeführt. Ist die Ware schon verpackt worden, so führt ein Abbruch dazu, dass zunächst „Ware auspacken“ und anschließend „Ware einlagern“ ausgeführt wird. Damit entspricht der Ablauf bei einem Abbruch des Unterprozesses „Auftrag bearbeiten“ dem in Abbildung 123 mit Hilfe mehrerer Gateways modellierten Ausnahmefluss.

Wodurch wird eine Transaktion abgebrochen? Eine Möglichkeit besteht darin, dass der Abbruch außerhalb des Prozesses ausgelöst wird. Handelt es sich beispielsweise um einen mit Hilfe einer Process Engine ausgeführten Prozess, so könnte z. B. ein Administrator bei einem aufgetretenen, nicht anders behebbaren Fehler den betroffenen Prozess über die Administrations-Konsole der Process Engine abbrechen.

Bei einem solchen Abbruch der Transaktion werden zunächst die oben beschriebenen Kompensationen durchgeführt. Anschließend wird eine Marke über den modellierten Ausnahmefluss ausgegeben. Hierfür befindet sich ein Zwischen-Ereignis vom Typ „Abbruch“ am Rand der Transaktion. Es enthält ein nicht ausgefülltes Kreuz als Symbol. Durch die Verwendung des Abbruch-Zwischen-Ereignisses wird angegeben, dass es sich nicht um einen gewöhnlichen Abbruch handelt, sondern zunächst die Kompensationen durchgeführt werden.

Bei auftretenden gravierenden Fehlern könnte es möglich sein, dass gar kein normaler Abbruch der Transaktion mit Kompensationen mehr möglich ist. So könnte ein schwerer Defekt der Lagereinrichtungen dazu führen, dass nicht nur die Auftragsbearbeitung abgebrochen werden muss, sondern auch kein Einlagern mehr möglich ist. Um auch hierfür einen Ausnahmefluss zu modellieren, bei dem keine Kompensationen stattfinden, könnte man zusätzlich ein gewöhnliches Zwischen-Ereignis vom Typ „Fehler“ am Rand der Transaktion anbringen. Meist wird man jedoch darauf verzichten, wirklich jede Eventualität zu modellieren.

Der normale Abbruch einer Transaktion mit Durchführung der Kompensationen kann aber nicht nur von außen, sondern auch aus dem Prozess heraus ausgelöst werden. Hierzu dient das mit einem ausgefüllten Kreuz dargestellte End-Ereignis vom Typ „Abbruch“. Wird dieses End-Ereignis erreicht, so wird wie bei einem Terminierungs-End-Ereignis sofort der gesamte Transaktions-Unterprozess abgebrochen, und die erforderlichen Kompensationen werden durchgeführt, bevor es bei dem Abbruch-Zwischen-Ereignis mit dem Ausnahmefluss weitergeht.

Im vorliegenden Fall soll die Transaktion durch das Ereignis „Stornierung eingetroffen“ ausgelöst werden. Anders als in dem Modell ohne Transaktion aus Abbildung 123 kann man hier jedoch das Nachrichten-empfangende Zwischen-Ereignis nicht einfach auf dem Rand der Transaktion platzieren. Denn dann würden – wie oben erläutert – beim Abbruch keine Kompensationen durchgeführt.

Stattdessen muss ein empfangendes Abbruch-Zwischen-Ereignis verwendet werden. Dieses tritt ein, wenn innerhalb der Transaktion ein sendendes Abbruch-End-Ereignis erreicht wird. Innerhalb der Transaktion wird daher zunächst mit Hilfe eines parallelen Gateways in zwei Sequenzflüsse verzweigt. Im oberen Pfad werden die Aktivitäten durchgeführt. Parallel dazu wird im unteren Pfad auf das Eintreten des Zwischen-Ereignisses „Stornierung eingetroffen" gewartet. Tritt dieses Zwischen-Ereignis ein, so wird im unteren Pfad das Abbruch-End-Ereignis erreicht, d. h. die Transaktion wird abgebrochen. Hierbei werden die nötigen Kompensationen durchgeführt, und anschließend geht es mit dem Ausnahmefluss weiter, der beim Abbruch-Zwischen-Ereignis beginnt. Da es sich um einen kompletten Abbruch handelt, wird nicht nur der untere Pfad beendet, sondern zugleich auch der parallele obere Pfad.

Wird die Transaktion nicht abgebrochen, so wird irgendwann das End-Ereignis des oberen Pfades erreicht. In diesem Fall ist der untere Pfad noch aktiv, es wird immer noch auf das Eintreffen einer Stornierungs-Nachricht gewartet. Daher wird im oberen Pfad kein unbestimmtes End-Ereignis verwendet, das nur diesen einen Pfad beenden würde. Das stattdessen verwendete Terminierungs-End-Ereignis beendet den kompletten Transaktions-Unterprozess, also auch den unteren Pfad. Damit ist die Transaktion erfolgreich beendet, und der Prozess geht mit dem normalen Sequenzfluss weiter, wobei als nächstes die Aktivität „Ware versenden" ausgeführt wird.

Kompensationen können auch ohne die Einbettung in eine Transaktion durchgeführt werden. Hierzu können sendende End- oder Zwischen-Ereignisse vom Typ „Kompensation" verwendet werden. Diese enthalten ein ausgefülltes Rückspul-Symbol.

In Abbildung 125 ist der Ablauf der Buchung und Genehmigung einer Dienstreise modelliert. Hier ist angenommen, dass für die Genehmigung die genauen Daten und Preise von Hotel und Transport vorliegen müssen, weshalb die Buchung vor der Genehmigung vorgenommen wird.

Den Aktivitäten „Flug buchen" und „Hotel buchen" sind jeweils Kompensations-Aktivitäten zugeordnet. Allerdings befinden sich diese Aktivitäten hier nicht innerhalb einer Transaktion, weshalb die Kompensationen nicht durch einen Transaktions-Abbruch ausgelöst werden können, sondern explizit aufgerufen werden müssen.

Der exklusive Gateway im Anschluss an das Stellen des Reiseantrags hat drei Ausgänge. Im ersten Fall ist der Antrag genehmigt, und der Prozess wird mit einem unbestimmten End-Ereignis abgeschlossen, es sind keine Kompensationen erforderlich. Im zweiten Fall ist der Antrag komplett abgelehnt. Der Sequenzfluss führt hier zu einem sendenden Kompensations-End-Ereignis. Dieses hat keine Bezeichnung, es löst daher die Kompensation aller im Prozess bisher durchgeführten Aktivitäten in umgekehrter Reihenfolge aus. Es wird also sowohl der Flug storniert, als auch das Hotel. Für die Aktivität „Reiseantrag stellen" ist keine Kompensations-Aktivität definiert, entsprechend wird auch keine durchgeführt.

Im dritten Fall ist die Reise zwar genehmigt, es darf aber kein Flug genommen werden. Daher soll nur die Aktivität „Flug buchen" kompensiert werden, nicht aber die Aktivität „Hotel buchen". Daher ist bei dem sendenden Kompensations-Zwischen-Ereignis angegeben, welche Aktivität kompensiert werden soll. Bei Bedarf ist es auch möglich, mehrere zu kompensierende Aktivitäten bei einem sendenden Kompensations-Ereignis

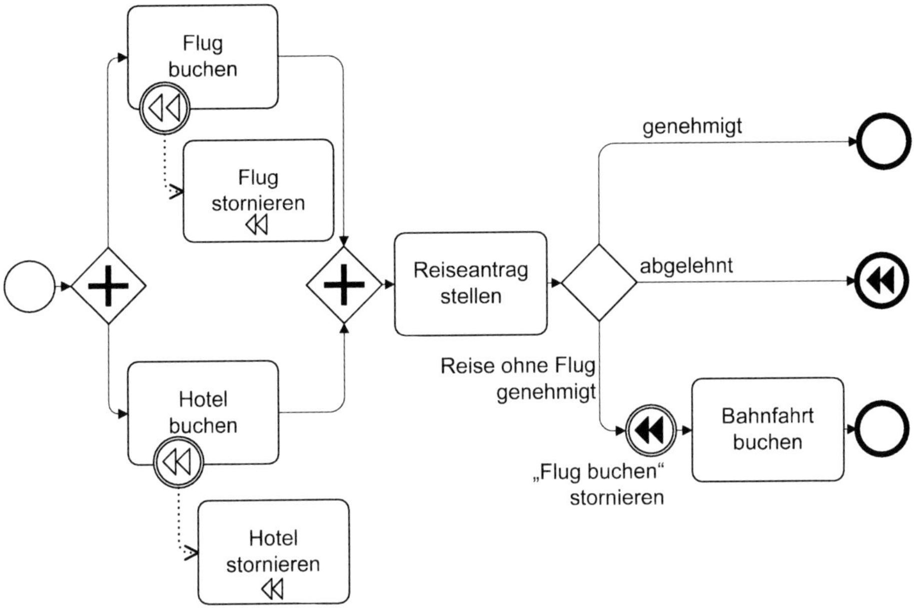

Abbildung 125: Direkter Aufruf von Kompensationen

anzugeben. Hier wird aber nur die eine Kompensations-Aktivität „Flug stornieren“ ausgeführt. Anschließend wird eine Bahnfahrt gebucht, bevor der Prozess beendet ist.

Dass es in dem Beispiel nicht möglich ist, von Vornherein eine Bahnfahrt zu buchen, ist natürlich nicht besonders sinnvoll, doch sollte das Modell wie alle Modelle in dieser Einführung möglichst kompakt gehalten werden und sich auf das Wesentliche des zu illustrierenden Sachverhalts beschränken.

Die in diesem und dem vorangehenden Kapitel beschriebenen Konzepte zur Modellierung von Ausnahmen, Transaktionen und Kompensationen haben ihren Ursprung in der Softwaretechnik. Für die Modellierung ausführbarer Workflows sind sie daher auf jeden Fall interessant. Prinzipiell lassen sie sich auch für fachliche Modelle anwenden, denn Fehler, Ausnahmen, Stornierungen usw. kommen auch in nicht automatisierten Prozessen vor. Es wurden hier zur Erläuterung auch bewusst Beispiele fachlicher Natur gewählt.

Einige BPMN-Experten verweisen darauf, dass viele Prozessmodelle sich fast ausschließlich um die normalen Abläufe kümmern, bei denen alles wie vorgesehen läuft. Ein Großteil der Probleme und des Aufwandes bei der Prozessabwicklung ist jedoch auf Fehler, Ausnahmen und Sonderfälle zurückzuführen. Sie empfehlen daher, sich bei der Modellierung auch um die Ausnahmebehandlungen zu kümmern und hierfür die speziellen Konstrukte der BPMN zu verwenden (vgl. z. B. [Silver 2007]).

Andererseits sind diese Konstrukte anders als die grundlegenden BPMN-Elemente sehr erklärungsbedürftig und nicht ganz einfach anzuwenden. Eine genaue Modellierung sämtlicher Ausnahmefälle führt zu sehr großen und detaillierten Modellen. Ob diese einen entsprechenden Nutzen für die Zielgruppe bringen und der hierfür erforderliche Aufwand gerechtfertigt ist, muss anhand des Modellierungszwecks entschieden werden.

Manche Konzepte der technischen Ebene lassen sich zwar vom Prinzip her auch auf die fachliche Ebene übertragen, werfen dort aber zusätzliche Probleme und Fragestellungen auf.

So ist etwa die Kompensation einer Buchung in einem Computersystem vergleichsweise einfach durch eine entsprechende Gegenbuchung zu kompensieren. Das oben verwendete Beispiel der Kompensation einer Flug- oder Hotelbuchung ist in der Praxis hingegen nicht immer so einfach. Beispielsweise kann eine Stornierung für bestimmte Tickets ausgeschlossen sein, nur bis zu einem bestimmten Zeitpunkt möglich sein oder eine Gebühr kosten. Oder es ist günstiger, auf ein anderes Datum oder eine andere Person umzubuchen als die Buchung komplett zu stornieren. Jeder dieser Fälle kann unterschiedliche Auswirkungen auf den Prozess haben. Die bloße Modellierung einer Kompensations-Aktivität gibt diese Sachverhalte noch längst nicht komplett wieder.

Ob, auf welche Weise und wie detailliert derartige Sachverhalte modelliert werden, sollte im Vorhinein entschieden und in Modellierungskonventionen festgelegt werden.

10 Artefakte und Erweiterungen

Im Fokus von BPMN-Modellen stehen der Sequenz- und der Nachrichtenfluss. Um auch andere Aspekte und Informationen abbilden zu können, die im Zusammenhang mit einem Geschäftsprozess von Bedeutung sind, können sogenannte Artefakte verwendet werden.

Durch die BPMN-Spezifikation sind bislang drei Standard-Typen von Artefakten definiert worden: Anmerkungen, Gruppierungen und Datenobjekte. Daneben steht es Modellierern bzw. Toolherstellern frei, weitere eigene Artefakte zu definieren und so die BPMN um benötigte Konstrukte zu erweitern.

10.1 Anmerkungen und Gruppierungen

Anmerkungen (engl. „Annotation“) wurden bereits mehrfach in den vorangehenden Kapiteln verwendet. Sie dienen dazu, Erläuterungen, Bemerkungen u. ä. zu einem bestimmten Modell-Element hinzuzufügen. Sie dienen damit nur dem besseren Verständnis eines Modells. Für die Ablauflogik des Modells haben sie an sich keine Bedeutung.

Andererseits können Anmerkungen auch verwendet werden, um beispielsweise Abbruchbedingungen einer Schleife zu dokumentieren (vgl. z. B. S. 91, Abbildung 107). Die Abbruchbedingungen selbst haben natürlich eine Auswirkung auf die Ablauflogik des Prozesses. Allerdings sieht die BPMN eigentlich vor, dass Abbruchbedingungen u. ä. den Modell-Elementen in Form von Attributwerten hinterlegt werden. Die Darstellung im Modell mit Hilfe von Anmerkungen dient lediglich der Dokumentation. Sie werden z. B. von Process Engines in der Regel nicht ausgewertet.

Gelegentlich ist es für das Verständnis und die Erläuterung eines Modells hilfreich, einige Elemente zusammenzufassen und optisch hervorzuheben. Hierzu stellt die BPMN das Konstrukt der Gruppierung (engl. „Group“) zur Verfügung. Eine Gruppierung ist einfach eine Umrandung eines Modellausschnitts. Auch sie hat keinerlei Einfluss auf den eigentlichen Prozessablauf.

Dargestellt wird die Gruppierung in Form eines Rechtecks mit abgerundeten Ecken. Die Umrandung wird als strichpunktierte Linie gezeichnet. Man muss sie deutlich vom Unterprozess unterscheiden, der ganz ähnlich aussieht, aber sehr wohl eine Bedeutung für den Prozessablauf hat. Als rein grafisches Element kann eine Gruppierung z. B. auch kein Ziel oder keine Quelle für Nachrichten- oder Sequenzflüsse sein. Vielmehr überqueren Flüsse die Begrenzungen einer Gruppierung nach Belieben.

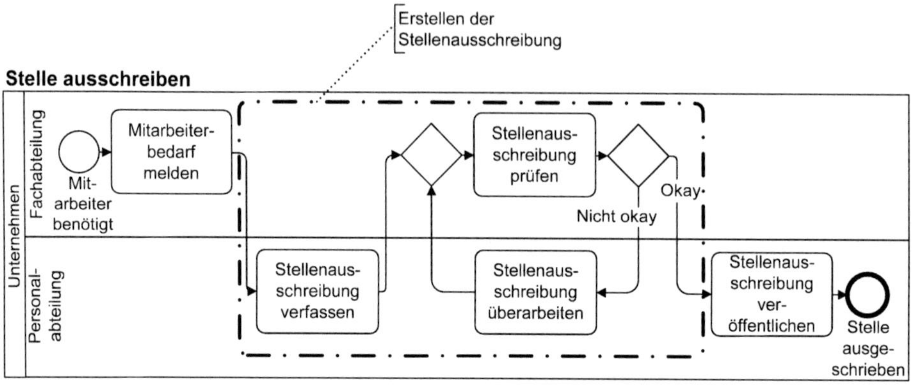

Abbildung 126: Anmerkung und Gruppierung

Abbildung 126 zeigt ein Prozessmodell mit einer Gruppierung und einer Anmerkung. Die Anmerkung, deren Text hinter einer nach rechts geöffneten, rechteckigen Klammer steht, wird über eine gepunktete Linie mit dem Element verbunden, auf das sie sich bezieht – in diesem Fall die Gruppierung. Anmerkungen können aber auch mit jedem anderen Element in einem BPMN-Modell verbunden werden.

Bei der gepunkteten Linie handelt es sich um eine Assoziation. Assoziationen werden generell für alle Arten von Verbindungen verwendet, die weder einen Sequenz- noch einen Nachrichtenfluss darstellen. Auch für die Zuordnung einer Kompensations-Aktivität zu einer anderen Aktivität wurden bereits Assoziationen verwendet (vgl. S. 108, Abbildung 124). Im Gegensatz zur gerichteten Kompensations-Assoziation ist die Assoziation einer Anmerkung ungerichtet, d. h. sie hat keine Pfeilspitze.

Als rein grafisches Element kann sich eine Gruppierung auch beliebig über Poolgrenzen hinweg erstrecken (vgl. Abbildung 127).

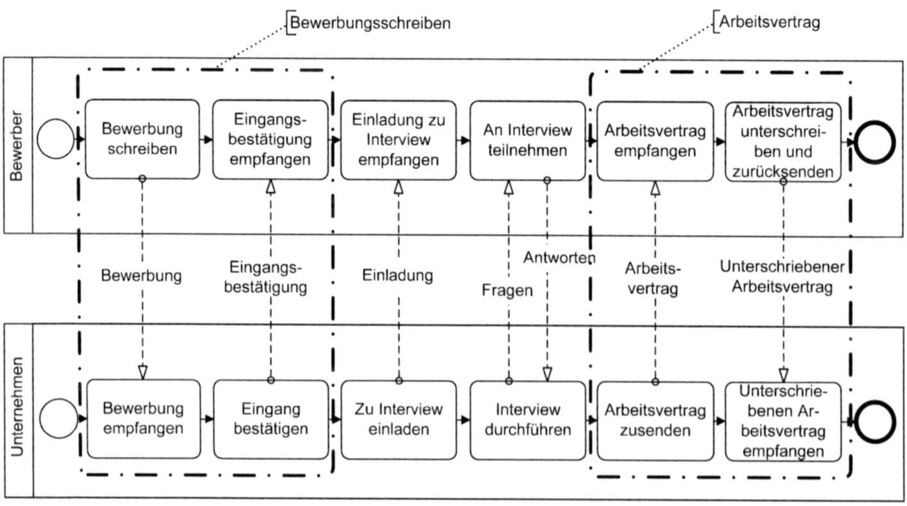

Abbildung 127: Poolübergreifende Gruppierungen

10.2 Datenobjekte

Bei der Durchführung eines Prozesses werden Daten, Informationen, Dateien, Dokumente u. ä. verarbeitet und erzeugt. Mit einem Sequenzfluss von einer Aktivität zur nächsten ist häufig die Weitergabe von Daten verbunden. Nachrichtenflüsse dienen zumeist ebenfalls dem Austausch von Daten.

Bei der bisher betrachteten Modellierung von Sequenz- und Nachrichtenflüssen werden diese Daten jedoch nicht weiter betrachtet. Ein Sequenzfluss dient ausschließlich dazu, die nächste Aktivität anzustoßen. Bei einem Nachrichtenfluss geht es nur darum, dass eine bestimmte Nachricht eingeht und somit das zugehörige Ereignis eintritt. Welche Daten im Einzelnen ausgetauscht werden, muss ggf. gesondert modelliert werden.

Bei der ursprünglichen Entwicklung der BPMN als grafischer Notation für ausführbare Prozesse wurde der Idee gefolgt, dass innerhalb eines Prozesses alle Aktivitäten jederzeit auf alle Daten innerhalb eines Pools zugreifen können [vgl. Debevoise, Geneva 2008, S. 3]. Wird dieses Konzept angewandt (z. B. in einer Process Engine), so ist es nicht erforderlich, die Weitergabe von Daten zu modellieren.

In vielen Prozessen gibt es aber keinen gemeinsamen Datenpool, so dass eine explizite Modellierung der weitergegebenen Daten durchaus sinnvoll ist. Und auch bei der Nutzung eines gemeinsamen Datenpools kann es notwendig sein, In- und Output-Daten der Aktivitäten zu modellieren. Dadurch lassen sich datenbezogene Abhängigkeiten erkennen. Beispielsweise muss auch bei der Nutzung eines gemeinsamen Datenpools sichergestellt werden, dass die von einer Aktivität benötigten Informationen vorher im Prozess erzeugt werden.

Abbildung 128 zeigt die Modellierung der mit einem Sequenzfluss weitergegebenen Daten. Ein Datenobjekt wird in Form eines Dokumentensymbols abgebildet. Hierbei kann es sich um Daten und Informationen in beliebiger Form handeln, beispielsweise einen elektronischen Datensatz, eine Datei oder auch ein physisches Dokument.

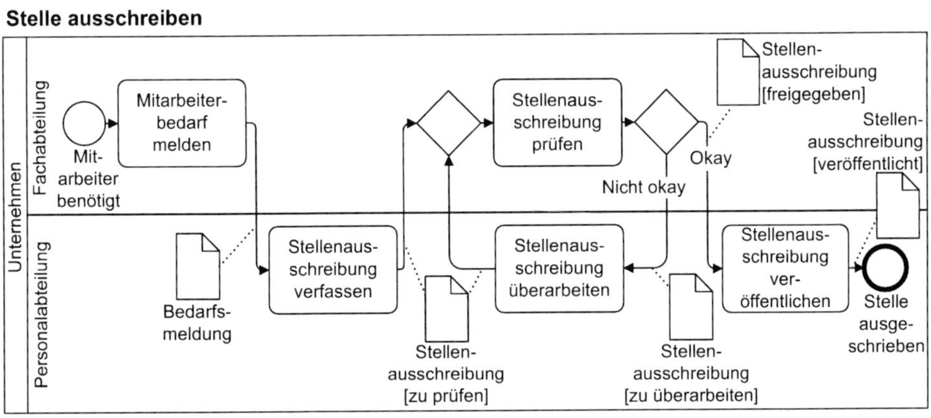

Abbildung 128: Datenobjekte zur Darstellung der mit den Sequenzflüssen ausgetauschten Daten

Ein Datenobjekt wird durch eine ungerichtete Assoziation mit dem Sequenzfluss verbunden, über den es fließt. Die Bezeichnung eines Datenobjekts wird häufig um die Angabe des jeweiligen Zustands in eckigen Klammern ergänzt. So kann in Abbildung 128 das Datenobjekt „Stellenausschreibung" im Laufe des Prozesses die Zustände „zu prüfen", „zu überarbeiten", „freigegeben" und „veröffentlicht" annehmen.

Datenobjekte können nicht nur einem Sequenzfluss zugeordnet werden. Sie können auch als Input- oder Output-Daten von Aktivitäten modelliert werden. Hierzu werden gerichtete Assoziationen verwendet. Abbildung 129 zeigt den obigen Prozess in dieser Darstellung.

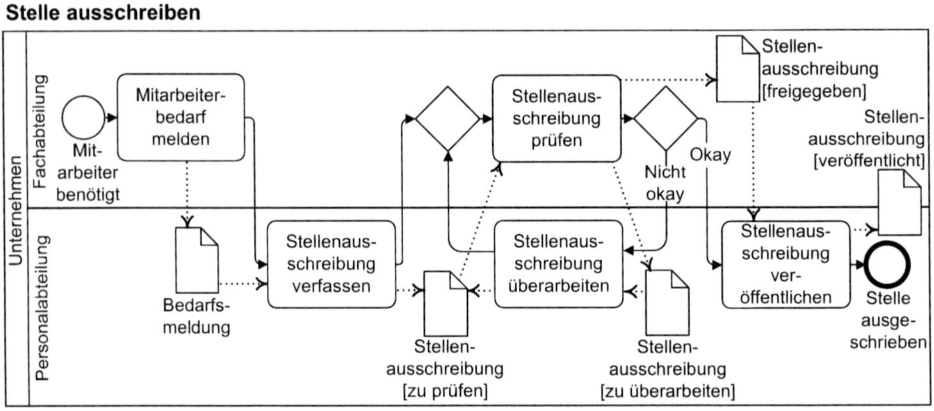

Abbildung 129: Modellierung von Datenflüssen mit Hilfe gerichteter Assoziationen

In diesem Beispiel drücken beide Darstellungen das Gleiche aus, so dass man sich für eine der beiden Möglichkeiten entscheiden kann. Allerdings ist es auch möglich, dass ein Datenobjekt, das an einer Stelle erzeugt wird, erst viel später im Prozess verwendet wird. Es wird somit gar nicht mit dem Sequenzfluss an die direkt folgende Aktivität weitergegeben. Dieser Fall lässt sich nur mit Hilfe der gerichteten Assoziationen abbilden.

Auch Nachrichtenflüsse zwischen verschiedenen Teilnehmern einer Choreographie enthalten in der Regel Daten, weshalb man Datenobjekte auch Nachrichtenflüssen zuordnen kann (Abbildung 130). Da die Teilnehmer eines Kollaborationsprozesses unabhängig voneinander sind und somit nicht auf einen gemeinsamen Datenbestand zugreifen können, erfolgt die Übermittlung von Daten zwischen verschiedenen Pools ausschließlich mittels Nachrichten, weshalb eine Modellierung von Output- und Input-Daten mittels gerichteter Assoziationen über Poolgrenzen hinweg nicht sinnvoll wäre.

Die Modellierung von Datenobjekten – wie auch von anderen Artefakten – stellt für die mit Hilfe des Sequenz- und Nachrichtenflusses modellierte Prozesslogik immer nur eine Zusatzinformation dar. Sie beeinflussen den Sequenz- und Nachrichtenfluss daher definitionsgemäß nicht.

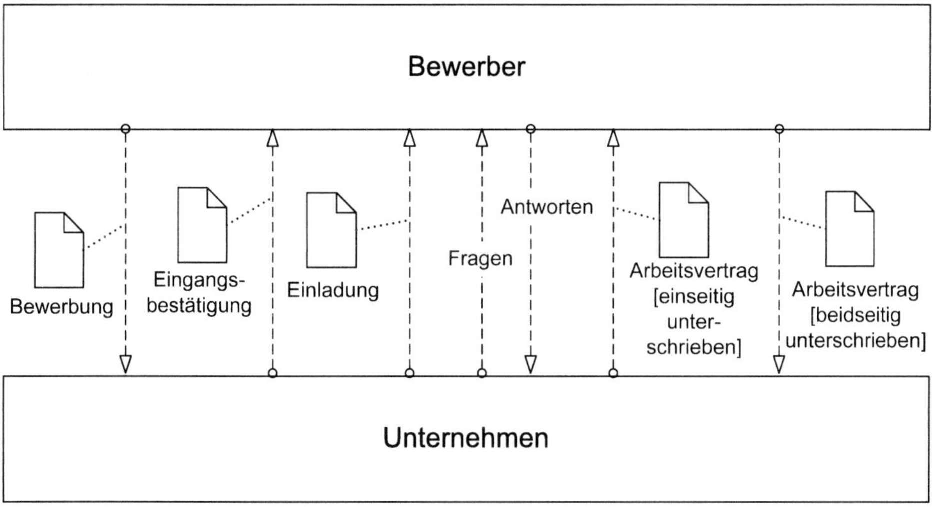

Abbildung 130: Datenobjekte an Nachrichtenflüssen

In der Praxis haben Daten natürlich einen Einfluss auf den Prozessablauf. Beispielsweise kann an einer exklusiven Verzweigung die Entscheidung über den einzuschlagenden Pfad auf Grundlage der Werte eines Datenobjektes getroffen werden. Dies kann man ausdrücken, indem man in den Bedingungen an den Verzweigungen auf das betreffende Feld des Datenobjekts Bezug nimmt. Da die BPMN-Spezifikation keinerlei Vorgaben macht, wie Bedingungen definiert werden, liegen derartige Modellierungsweisen jedoch außerhalb des Fokus der BPMN. So etwas muss im Rahmen unternehmensspezifischer Modellierungskonventionen festgelegt werden – oder es wird durch das verwendete Tool vorgegeben.

Datenobjekte bieten die Möglichkeit, die Prozessmodellierung mit der Datenmodellierung zu verknüpfen. So könnte man etwa die in einem Prozess verwendeten Datenobjekte mit Datenmodellen, UML-Klassendiagrammen oder Fachbegriffsmodellen hinterlegen. Hierdurch wird die für eine durchgängige Informationssystem-Entwicklung benötigte Integration der Prozess-Sicht mit der Datensicht erreicht. Auch dies geht über die BPMN als reine Prozessmodellierungs-Notation hinaus und muss über Konventionen und entsprechende Modellierungstools geregelt werden.

10.3 Erweiterungsmöglichkeiten der BPMN

Wie bereits erwähnt, können alle BPMN-Konstrukte grafisch verändert und angepasst werden, solange ihre ursprüngliche BPMN-Form noch klar erkennbar und eine Verwechslung ausgeschlossen ist. So sind beliebige Einfärbungen und Schriftarten möglich.

Etwas kritischer ist die Veränderung von Linienstilen und –breiten, da diese z. T. eine Bedeutung haben. Z. B. muss ein End-Ereignis eine deutlich breitere Umrandung als ein Start- oder Zwischen-Ereignis haben. Ebenso müssen durchgezogene, gestrichelte und gepunktete Linien klar erkennbar sein, damit sich Sequenz- und Nachrichtenflüsse sowie

Assoziationen unterscheiden lassen. Auch die durchgezogene und die strichpunktierte Umrandung von Unterprozessen bzw. Gruppierungen müssen erhalten bleiben.

Es sind auch Erweiterungen der Modellierungselemente um grafische Symbole möglich, wie dies z. B. in Abbildung 114 auf S. 96 gemacht wurde. Allerdings müssen auch hierbei die BPMN-Grundsymbole erkennbar bleiben. Eine Aktivität kann zwar mit einem Icon versehen werden, muss aber stets durch ein abgerundetes Rechteck dargestellt werden. Ebenso wäre es nicht zulässig, das Briefsymbol eines Nachrichten-Ereignisse durch ein ganz anderes Symbol zu ersetzen. Auch muss deutlich werden, ob das Icon in einem Ereignis ausgefüllt ist, oder nicht, denn daran wird unterschieden, ob es sich um ein sendendes oder ein empfangendes Ereignis handelt.

Schließlich ist es auch möglich, weitere Artefakte zu definieren und über Assoziationen mit den vorhandenen BPMN-Elementen zu verbinden. Vielleicht soll dargestellt werden, welche Leistungen eine Aktivität erzeugt oder auf welchem Anwendungssystem bzw. welcher Maschine sie ausgeführt wird. In vielen Fällen wird auch die Verwendung von Bahnen für die Zuordnung von Organisationseinheiten oder Bearbeitern nicht genügen. Beispielsweise können Aktivitäten gemeinsam von mehreren Bearbeitern durchgeführt werden, oder es soll zwischen dem für eine Aktivität Verantwortlichem und dem Ausführenden unterschieden werden.

Für die Integration derartiger Elemente aus anderen Sichten eines für ein durchgängiges Prozessmanagement erforderlichen Unternehmensmodells stellt die BPMN im Standard bisher keine Konstrukte zur Verfügung. Über selbst definierte Artefakte kann diese Verbindung leicht hergestellt werden. Bei der Verwendung eines Modellierungswerkzeuges ist zu prüfen, ob es derartige Erweiterungen bereits anbietet, oder aber die Definition eigener Artefakte ermöglicht.

Die vorgestellten Erweiterungsmöglichkeiten der BPMN sind so beschaffen, dass jeder, der den BPMN-Standard kennt, auch ein derart erweitertes BPMN-Modell problemlos lesen kann. Nur die in den individuellen Erweiterungen enthaltene Zusatz-Information erschließt sich ihm nicht ohne Erläuterung.

Macht man allerdings sehr umfangreichen Gebrauch von individuellen Erweiterungen, dann steckt unter Umständen ein sehr großer Teil relevanter Informationen in diesen Erweiterungen. In diesem Fall verliert man viele Vorteile eines Standards, wie das gemeinsame Verständnis und die Austauschbarkeit mit anderen Tools.

11 Ein fehlerhaftes BPMN-Modell

Sie können Ihre neu erworbenen BPMN-Kenntnisse nun direkt ausprobieren. Auf der folgenden Seite ist ein BPMN-Modell abgebildet. Auf den ersten Blick sieht es gar nicht so übel aus, doch bei genauerem Hinsehen sollten Ihnen eine ganze Menge Fehler auffallen.

Insgesamt enthält das Diagramm 24 Fehler. Darunter sind ganz einfache Regelverletzungen, wie eine Verbindung von zwei Elementen, bei denen das nicht zulässig ist, oder die falschen Verwendung eines Ereignisses. Aber auch komplexere Probleme bei der Modellierung von Sequenzflüssen sind darunter, z. T. entsteht dadurch auch eine völlig unplausible Ablauflogik.

Versuchen Sie einmal selbst, möglichst viele der Fehler und Probleme zu finden, bevor Sie sich die anschließende Lösung ansehen, wo alle Fehler im Einzelnen erläutert werden.

Blättern Sie erst weiter, wenn Sie möglichst alle Fehler in dem nebenstehenden Modell gefunden haben!

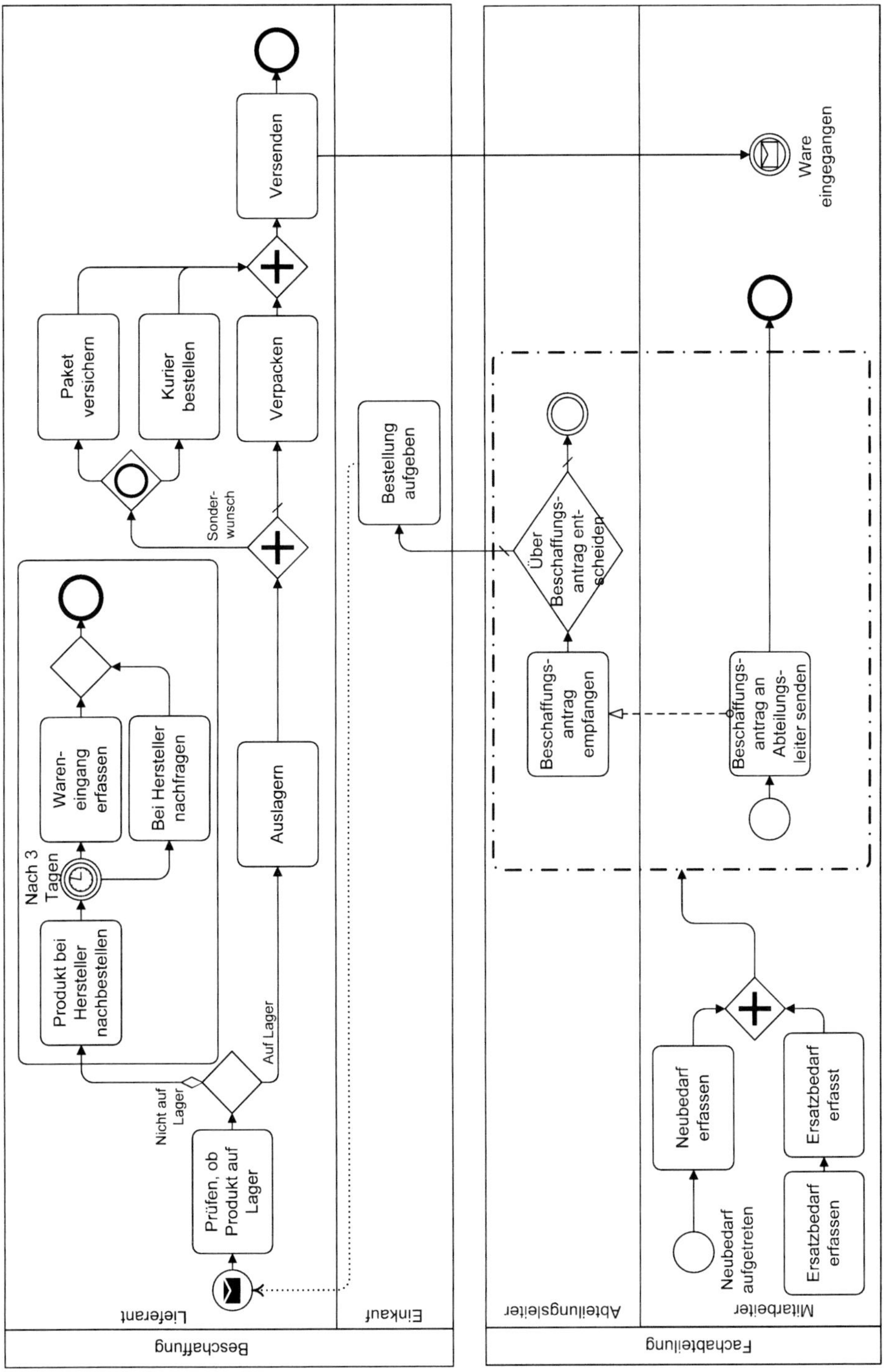

Abbildung 131: Ein fehlerhaftes BPMN-Modell

Zum leichteren Auffinden sind in Abbildung 132 die Nummern der Fehler als Anmerkungen eingetragen. Hier die Fehler im Einzelnen:

1. Die Aufteilung des Diagramms in Pools und Bahnen ist inhaltlich höchst fragwürdig. Dass sich der Einkauf (typischerweise eine Organisationseinheit des bestellenden Unternehmens) zusammen mit dem Lieferanten in einem gemeinsamen Pool "Beschaffung" befindet, würde bedeuten, dass sie über einen gemeinsamen, zentral gesteuerten Prozess verfügen. Einkauf und Lieferant müssten in getrennten Pools sein.

2. Wenn es ein Start-Ereignis in einem Prozess gibt, darf es nicht gleichzeitig eine Aktivität ohne Start-Ereignis geben. Es fehlt also ein Start-Ereignis vor "Einsatzbedarf erfassen". Wobei zwei unbestimmte Start-Ereignisse auch nicht empfehlenswert sind. Besser wäre ein Start-Ereignis mit einem folgenden exklusiven Gateway, der zwischen Neubedarf und Ersatzbedarf unterscheidet.

3. "Ersatzbedarf erfasst" ist vom Namen her keine Aktivität, sondern ein Ereignis. Dieses müsste hier aber auch gar nicht gesondert modelliert werden.

4. Der parallele Gateway ist inhaltlich falsch, da es sich bei "Neubedarf erfassen" und "Ersatzbedarf erfassen" wohl eher um alternative Aktivitäten handelt. Ob es sich auch um einen syntaktischen Fehler handelt, kann wegen des Fehlers Nr. 2 nicht ganz eindeutig entschieden werden. Würde man nämlich einfach das Start-Ereignis „Neubedarf aufgetreten“ weglassen, so würden die beiden Aktivitäten "Neubedarf erfassen" und "Ersatzbedarf erfassen" tatsächlich parallel ausgeführt. Das wäre zwar inhaltlich unsinnig, aber syntaktisch richtig. Würde man stattdessen – wie oben empfohlen – ein Startereignis mit exklusivem Gateway verwenden, so wäre der parallele Gateway auch syntaktisch falsch.

5. Der Kasten mit der Punkt-Strich-Begrenzung ist eine Gruppierung, kein Unterprozess. Eine Gruppierung ist eine rein optische Zusammenfassung, ein Sequenzfluss kann nicht an einer Gruppierung enden. Entsprechend ist das Start-Ereignis innerhalb der Gruppierung auch unsinnig. Richtig wären der Sequenzfluss und das Start-Ereignis, wenn man einen Unterprozess anstelle einer Gruppierung modelliert hätte. Ein Unterprozess hat einen durchgezogenen Rand.

6. Der Nachrichtenfluss verläuft innerhalb eines Pools. Dies ist nicht möglich.

7. Der Text "Über Beschaffungsantrag entscheiden" im Gateway beschreibt eine Tätigkeit. Ein Gateway stellt aber keine Tätigkeit dar, sondern reine Logik. "Über Beschaffungsantrag entscheiden" müsste als Aktivität modelliert werden.

8. Der Gateway enthält zwei Standard(Default)-Ausgänge. Es darf aber nur einen geben.

9. Der Sequenzfluss endet in einem Zwischen-Ereignis. Dies ist nicht möglich, es müsste ein End-Ereignis verwendet werden.

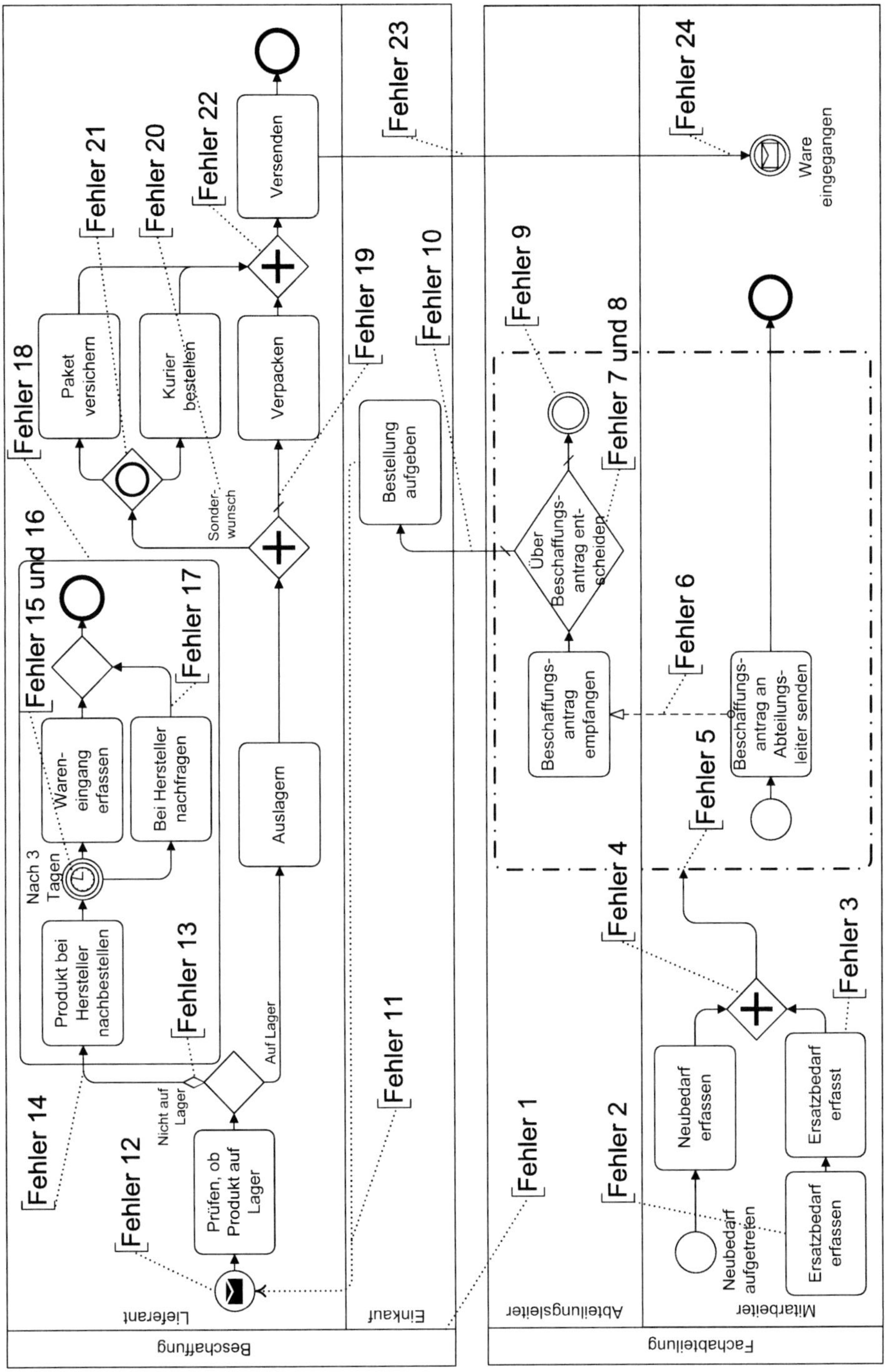

Abbildung 132: Fehlerhaftes BPMN-Modell mit eingetragenen Fehlernummern

10. Der Sequenzfluss überquert Pool-Grenzen. Dies ist nicht möglich, zwischen Pools können nur Nachrichtenflüsse verlaufen.

11. Bei der gepunkteten Linie handelt es sich um keinen Fluss, sondern um eine Assoziation. Diese wird verwendet, um die Erzeugung von Daten-Objekten zu modellieren, kann aber nicht zwischen Aktivitäten und Ereignissen verlaufen.

12. Es gibt kein Nachrichten-sendendes Start-Ereignis (mit ausgefülltem Briefumschlag).

13. Bei einem Gateway wird keine Bedingungsraute an den ausgehenden Sequenzflüssen dargestellt. Diese wird nur bei Sequenzflüssen verwendet, die aus einer Aktivität herausgehen.

14. Ein Sequenzfluss kann keine Unterprozess-Grenzen überqueren.

15. Hier ist inhaltlich Unsinniges modelliert: Drei Tage nach der Nachbestellung wird der Wareneingang erfasst – ob die Ware nun da ist, oder nicht…

16. Aus einem Zwischen-Ereignis dürfen keine zwei Sequenzflüsse herausgehen.

17. Noch ein inhaltliches Problem: Auf die Nachfrage beim Hersteller folgt nichts mehr, weder erneute Nachfragen, noch ein Wareneingang.

18. Der Unterprozess hat keinen ausgehenden Sequenzfluss zum weiteren Ablauf. Dies ist inhaltlich nicht sinnvoll. Außerdem müsste zumindest ein End-Ereignis folgen. Da in dem Prozess noch weitere End-Ereignisse verwendet werden, kann der Unterprozess kein implizites End-Ereignis haben.

19. Ein paralleler Gateway kann keinen Standard(Default)-Ausgang haben, da ja alle Ausgänge parallel mit Marken belegt werden.

20. Ebenso ist es sinnlos und daher auch nicht zulässig, an einem Sequenzfluss, der aus einem parallelen Gateway herausgeht, eine Bedingung anzugeben.

21. An den aus dem inklusiven Gateway herausgehenden Sequenzflüssen sind keine Bedingungen angegeben. Streng genommen ist das aber kein Fehler, da die Bedingungen nicht unbedingt im Diagramm dargestellt werden müssen. Sie könnten auch in Attributen der Sequenzflüsse hinterlegt sein. Da hier aber nur die Grafik vorliegt, wäre dies recht nutzlos.

22. Der parallele Gateway ist falsch. Da die oberen beiden Sequenzflüsse einem inklusiven Gateway entstammen, ist nicht sichergestellt, dass immer Marken über alle drei Sequenzflüsse eingehen. Wenn bei einem Prozessdurchlauf nur einer der Pfade aus dem inklusiven Gateway gewählt wird, entsteht eine Blockade.

23. Hier ist wieder ein Sequenzfluss über Pool-Grenzen hinweg gezeichnet, was nicht erlaubt ist.

24. Das Zwischenereignis ist nicht mit dem vorangehenden Prozess im Pool verbunden. Außerdem hat es keinen ausgehenden Sequenzfluss.

Das Beispiel wurde ursprünglich im Weblog „Kurze Prozesse“ (*www.kurze-prozesse.de*) veröffentlicht, wo die Leser aufgerufen waren, gefundene Fehler einzureichen. Es wurden auch einige Vorschläge für ein verbessertes Diagramm eingesandt. Diese sind ebenfalls in dem Weblog unter *kurze-prozesse.de/?p=82* veröffentlicht.

A Literatur

Allweyer T (2005) Geschäftsprozessmanagement – Strategie, Entwurf, Implementierung, Controlling. W3L, Herdecke

Allweyer T (2008) Vom fachlichen Modell zum ausführbaren Workflow – am Beispiel von ARIS und Intalio|BPMS. Arbeitsbericht. Fachhochschule Kaiserslautern. http://kurze-prozesse.de/?p=46

Bartels G, Frank P, Völz M (2007) Vergleich von BPMN Modellierungswerkzeugen. Fachstudie Nr. 75. Institut für Architektur von Anwendungssystemen. Universität Stuttgart. http://elib.uni-stuttgart.de/opus/volltexte/2007/3385/pdf/FACH_0075.pdf

Briol P (2008) BPMN – the Business Process Modeling Notation, Pocket Handbook. Lulu, Morrisville

Debevoise T, Geneva R (2008) The MicroGuide to Process Modeling in BPMN. BookSurge, Charleston

Decker G, Schreiter, T (2008) OMG releases BPMN 1.1 – What's changed? http://www.inubit.de/inubit/cms/inubit/en/resources/downloads/inubit_Whitepaper_BPMN_1_1.pdf

Frankel D (2008) Requirements for BPMN 2.0. MDA Journal June 2008. http://www.bptrends.com/publicationfiles/ONE%20MDA%20Journal--Reqs%20for%20%202008-06%20BPMN%202.0%20v01-00-.pdf

Großkopf A (2007) xBPMN. Formal Control Flow Specification of a BPMN-based Process Execution Language. Master's Thesis. Hasso Plattner-Institut, Universität Potsdam. http://www.myhpi.de/~alexander.grosskopf/xBPMN_thesis.pdf

Havey M (2005) Essential Business Process Modeling. O'Reilly, Sebastopol

Lehmann F (2007) Integrierte Prozessmodellierung mit ARIS. dpunkt, Heidelberg

Lienhard H, Meister B, Schaffroth M (2008) Geschäftsprozesse modellieren mit BPMN. eCH074. Verein eCH, Zürich. http://www.ech.ch/index.php?option=com_content&task=view&id=374&Itemid=195&lang=de

OASIS (2007) Web Services Business Process Execution Language Version 2.0. OASIS Standard. http://docs.oasis-open.org/wsbpel/2.0/OS/wsbpel-v2.0-OS.pdf

Object Management Group (2007) Business Process Model and Notation (BPMN) 2.0. Request for Proposal. http://www.bpmn.org/Documents/BPMN%202-0%20RFP%2007-06-05.pdf

Object Management Group (2008a) Business Process Modeling Notation, V1.1. http://www.omg.org/docs/formal/08-01-17.pdf

Object Management Group (2008b) Business Process Modeling Notation, V1.2 (Beta 3). http://www.omg.org/docs/dtc/08-02-06.pdf

Object Management Group (2008c) Business Process Definition MetaModel (BPDM), Common Infrastructure. http://www.omg.org/docs/dtc/08-05-07.pdf

Ouyang C, van der Aalst W, Dumas M, ter Hofstede A (2006) From Business Process Models to Process-oriented Software Systems: The BPMN to BPEL Way. Queensland University of Technology. http://eprints.qut.edu.au/archive/00005266/01/5266.pdf

Recker J (2008) BPMN Modeling – Who, Where, How and Why. BPTrends. http://www.businessprocesstrends.com/publicationfiles/05-08-ART-BPMN %20Survey-Recker-JR%20final.pdf

Russell N, ter Hofstede A, van der Aalst W, Mulyar N (2006): Workflow Control Patterns: A Revised View. BPM Center. http://www.workflowpatterns.com/documentation/documents/BPM-06-22.pdf

Schreiter T (2008) xBPMN++ – Towards Executability of BPMN: Data Perspective and Process Instantiation. Master's Thesis. Hasso Plattner-Institut, Universität Potsdam. http://thesis.torben-schreiter.de

Seidlmeier H (2006) Prozessmodellierung mit ARIS: Eine beispielorientierte Einführung für Studium und Praxis. 2. Auflage. Vieweg, Wiesbaden

Shapiro R (2008) XPDL 2.1 Integrating Process Interchange & BPMN. Whitepaper. Workflow Management Coalition. https://portal.validar.com/SitePortal/2wA4NW/Link.html

Silver B (2007) BPMN and the Business Process Expert. https://www.sdn.sap.com/irj/sdn/go/portal/prtroot/docs/library/uuid/10852310-ac6a-2a10-02be-d83f4d2dd647

Stein S (2008) Where is BPMN heading to? Blogbeitrag. ARIS BPM Blog. http://www.arisblog.com/2008/04/24/where-is-bpmn-heading-to

Weske M (2007) Business Process Management. Concepts, Languages, Architectures. Springer, Berlin Heidelberg

White S (2005) Using BPMN to Model a BPEL Process. http://www.bpmn.org/ Documents/Mapping%20BPMN%20to%20BPEL%20Example.pdf

White S , Miers D (2008) BPMN Modeling and Reference Guide: Understanding and Using BPMN. Future Strategies, Lighthouse Point

Wohed P, van der Aalst W, Dumas M, ter Hofstede A, Russell N (2006) Pattern-based Analysis of BPMN - An extensive evaluation of the Control-flow, the Data and the Resource Perspectives (revised version). BPM Center. http://www.workflowpatterns.com/documentation/documents/BPM-06-17.pdf

Workflow Management Coalition (2008) Process Definition Interface – XML Process Definition Language. Version 2.1. https://portal.validar.com/SitePortal/2wPCNW/Link.html

zur Muehlen M, Recker, J (2008) How Much Language is Enough? Theoretical and Practical Use of the Business Process Modeling Notation. In Proceedings of the 20th International Conference on Advanced Information Systems Engineering. Montpellier, France. http://eprints.qut.edu.au/archive/00012916/01/12916.pdf

B BPMN im Internet

BPMN Corner

Webseite der Forschungsgruppe Business Process Technology am Hasso-Plattner-Institut in Potsdam. Hier gibt es ein BPMN-Poster zum Download, BPMN-Schablonen für Microsoft Visio, das kostenfreie Modellierungstool Oryx sowie eine Reihe von Publikationen (Englisch, das Poster ist auch auf Deutsch erhältlich).

http://bpt.hpi.uni-potsdam.de/Public/BPMNCorner

BPMN.info

Weblog zum Thema BPMN (Deutsch und Englisch).

http://www.bpmn.info

BPMN Poster

Ein weiteres Poster mit einer Übersicht über die BPMN (Englisch).

http://www.itposter.net/itPosters/bpmn/bpmn.htm

BPMN.org

Informationsseite der OMG zur BPMN. Neben der Spezifikation finden sich einige einführende Artikel sowie eine Liste von Tools, die BPMN unterstützen (Englisch).

http://www.bpmn.org

bpmresearch

Umfangreiche Informationen über BPMN und andere BPM-Standards von Michael zur Muehlen, Assistant Professor am Stevens Institute of Technology in Hoboken, New Jersey. Neben zahlreichen Artikeln und Präsentationen finden sich auch Links zu verschiedenen BPMN-Schablonen für Microsoft Visio (Englisch).

http://www.bpm-research.com

BPMS Watch

Weblog von Bruce Silver über Business Process Management-Systeme mit sehr vielen Beiträgen zum Thema BPMN und ihre Weiterentwicklung (Englisch).

http://www.brsilver.com/wordpress

Dive Into BPM

Hier werden die verschiedenen Elemente der BPMN anhand von anschaulichen Animationen dargestellt. Auch die Modellierung der verschiedenen Workflow Patterns mit BPMN wird gezeigt.

http://www.diveintobpm.org

Kurze Prozesse

Weblog zu allen Facetten des Geschäftsprozessmanagements – von der Strategie bis zur Implementierung. Die BPMN-Modellierung ist hier immer wieder ein Thema, es stehen auch einige Artikel zum Download (Deutsch).

http://www.kurze-prozesse.de

Process Modeling with BPMN – Article Series

Sechsteilige Artikel-Serie von Bruce Silver zur Einführung in BPMN (Englisch).

https://www.sdn.sap.com/irj/sdn/wiki?path=/display/BPX/Process+Modeling+with+BPMN+-+Article+Series

Workflow Patterns

Homepage der Workflow Patterns Initiative unter Leitung von Professor Wil van der Aalst (Eindhoven University of Technology) und Professor Arthur te Hofstede (Queensland University of Technology). Hier finden sich Beschreibungen der verschiedenen Workflow Patterns, u. a. auch Artikel über ihre Darstellung in BPMN (Englisch).

http://www.workflowpatterns.com

XING-Gruppen zur BPMN

Derzeit existieren auf der Business-Plattform XING zwei Foren zur BPMN, ein deutsch- und ein englischsprachiges. Kostenfreie Anmeldung bei XING erforderlich.

https://www.xing.com/net/bpmn-de (Deutsch)
https://www.xing.com/net/bpmn (Englisch)

C Attribute

Neben der grafischen Darstellung können BPMN-Modelle weitere Informationen beinhalten. Hierzu verfügen die Elemente über diverse Attribute. Typischerweise kann man in einem BPMN-Modellierungstool ein Element in einem Modell selektieren und sich für dieses Element einen Dialog anzeigen lassen, in dem man die Attributwerte eingeben kann.

Die BPMN-Spezifikation definiert eine ganze Reihe von Attributen. Allerdings kommt es häufig vor, dass konkrete Modellierungstools und Process Engines andere Attribute verwenden oder die vorgegebene Attributliste erweitern.

Im Folgenden wird eine Auswahl von Attributen aus der BPMN-Spezifikation vorgestellt. Ausgewählt wurden diejenigen Attribute, die für den Modellierer von Interesse sein können, weil er sie ggf. während der Modellierung verwendet, um Zusatzinformationen zu erfassen. Beispielsweise werden Bedingungen für Verzweigungen und Schleifen in Attributen gespeichert.

Daneben definiert die Spezifikation auch Attribute, die vor allem für Hersteller von Modellierungstools interessant sein dürften. So sind z. B. Attribute vorgesehen, die für einen Gateway alle ausgehenden Sequenzflüsse enthalten. Da diese Information bereits in der Grafik enthalten ist, hat ein Modellierer normalerweise nichts damit zu tun. Solche Attribute werden daher nachfolgend nicht aufgeführt. Ebenso wurden Attribute weggelassen, die nur während der Ausführung durch eine Process Engine relevant sind, wie z. B. ein Zähler, wie oft eine Schleife bereits durchlaufen wurde.

Die folgende Liste ist daher nicht als Referenz der BPMN-Attribute zu verstehen. Es geht vielmehr darum, einen Überblick zu geben, welche Arten von Informationen man einem BPMN-Element hinterlegen kann und wofür die jeweiligen Attribute gedacht sind. Für eine vollständige Liste aller Attribute wird auf die BPMN-Spezifikation verwiesen [Object Management Group 2008a]. Dort sind auch genauere Angaben enthalten, wie Datentypen, Wertebereiche, zusammengesetzte Werte, Multiplizitäten usw.

C.1 BPMN-Modell (Business Process Diagram, BPD)

Ein in BPMN erstelltes Modell oder Diagramm, auch als Business Process Diagram (BPD) bezeichnet, kann mit den folgenden Attributen näher beschrieben werden. Alle Attribute sind optional, ausgenommen Id und Name.

Id	Eindeutiger Identifizierer für das Diagramm
Name	Bezeichnung des Diagramms
Documentation	Text zur näheren Beschreibung und Dokumentation des Diagramm-Inhalts
Author	Ersteller des Diagramms
Language	Sprache, in der die Texte innerhalb des Diagramms geschrieben sind

	(z. B. Deutsch oder Englisch)
QueryLanguage	Bezeichnung der formalen Sprache, die ggf. im Diagramm verwendet wird, um z. B. Bedingungen zu formulieren. Beispielsweise verwenden einige BPMS Ausdrücke der XML Path Language (XPath) für diesen Zweck.
Version	Nummer zur Unterscheidung verschiedener Versionen des Diagramms
Creation Date	Datum der Erstellung
Modification Date	Datum der letzten Änderung

C.2 Prozess

Ein Prozess wird vom Diagramm unterschieden, da ein Diagramm mehrere Prozesse enthalten kann, die jeder für sich vom Start- zum End-Ereignis laufen. Alle Attribute sind optional, ausgenommen Id, Name und ProcessType.

Id	Eindeutiger Identifizierer innerhalb eines Diagramms
Name	Bezeichnung
Documentation	Text zur näheren Beschreibung und Dokumentation
ProcessType	Kann die Werte „None“ (Unbestimmt), „Private“, „Abstract“ oder „Collaboration“ annehmen (vgl. Abschnitt 5.4). Der Default-Wert ist „None“.
Categories	Optionale Zuordnung zu einer oder mehrerer Kategorien. Diese können vom Modellierer frei definiert werden. Z. B. könnte man Kategorien wie „Wertschöpfend“, „Management“ und „Support“ definieren, und den Prozess der jeweiligen Kategorie zuordnen.
Performers	Ein oder mehrere Ausführende des Prozesses, z. B. eine Person, Rolle, Gruppe oder Organisationseinheit
Properties	Benutzerdefinierte Attribute des Prozesses
Assignments	Zuordnungen von Formeln. Der Wert eines benutzerdefinierten Attributs (Property) des Prozesses kann durch eine Formel bestimmt werden. Mit einem Assignment kann man ausdrücken, welche Formel welchem Property zugeordnet wird, zu welchem Zeitpunkt im Prozess der Wert berechnet werden soll und in welcher formalen Sprache die Formel ausgedrückt ist.
InputSets	Daten, die der Prozess als Input benötigt, damit er durchgeführt werden kann (siehe auch Abschnitt 7.2). Hierbei kann es sich sowohl um benutzerdefinierte Attributwerte (Properties) handeln, als auch um Artefakte.
OutputSets	Daten, die der Prozess bereitstellt, wenn er abgeschlossen ist (siehe auch Abschnitt 7.2). Hierbei kann es sich sowohl um benutzerdefinierte Attributwerte

	(Properties) handeln, als auch um Artefakte.
AdHoc	Neben einem Unterprozess kann auch ein Prozess der obersten Ebene ein Ad-hoc-Prozess sein (vgl. Abschnitt 7.6). Da hierfür im Gegensatz zum Unterprozess keine grafische Markierung vorgesehen ist, erhält in diesem Fall das Attribut „AdHoc" den Wert „True". Der Default-Wert ist „False", d. h. normalerweise ist ein Prozess kein Ad-hoc-Prozess.
AdHocOrdering	Nur für Ad-hoc-Prozesse (AdHoc hat den Wert „True"). Gibt an, ob die Aktivitäten parallel durchgeführt werden können (Wert „Parallel", Default-Wert), oder ob sie nacheinander durchgeführt werden müssen (Wert „Sequential").
AdHocCompletionCondition	Nur für Ad-hoc-Prozesse (AdHoc hat den Wert „True"). Bedingung, wann der Ad-hoc-Prozess abgeschlossen ist.

C.3 Ereignis

Id	Eindeutiger Identifizierer innerhalb eines Diagramms
Name	Bezeichnung
Documentation	Text zur näheren Beschreibung und Dokumentation
Categories	Optionale Zuordnung zu einer oder mehrerer Kategorien (siehe das gleichnamige Attribut in Abschnitt C.2 „Prozess")
Assignments	Zuordnungen von Formeln. Siehe das gleichnamige Attribut in Abschnitt C.2 „Prozess". Der durch die angegebene Formel berechnete Wert muss hierbei einem Property des Prozesses zugeordnet werden, da Ereignisse gemäß BPMN-Spezifikation selbst keine Properties haben.

C.4 Aktivität

Die folgenden Attribute stehen für alle Arten von Aktivitäten zur Verfügung:

Id	Eindeutiger Identifizierer innerhalb eines Diagramms
Name	Bezeichnung
Documentation	Text zur näheren Beschreibung und Dokumentation
Categories	Optionale Zuordnung zu einer oder mehrerer Kategorien (siehe das gleichnamige Attribut in Abschnitt C.2 „Prozess")
Performers	Ein oder mehrere Ausführende der Aktivität, z. B. eine Person, Rolle, Gruppe oder Organisationseinheit
Properties	Benutzerdefinierte Attribute der Aktivität
Assignments	Zuordnungen von Formeln. Siehe das gleichnamige Attribut in Abschnitt C.2 „Prozess".
InputSets	Daten, die die Aktivität als Input benötigt, damit sie durchgeführt werden kann (siehe auch Abschnitt 7.2). Hierbei kann es sich

	sowohl um benutzerdefinierte Attributwerte (Properties) handeln, als auch um Artefakte.
OutputSets	Daten, die die Aktivität bereitstellt, wenn sie abgeschlossen ist (siehe auch Abschnitt 7.2). Hierbei kann es sich sowohl um benutzerdefinierte Attributwerte (Properties) handeln, als auch um Artefakte.
IORules	Gibt es mehrere, alternative Input- und Output-Datensätze, so geben die in diesem Attribut hinterlegten Regeln an, welcher Input- mit welchem Output-Datensatz zusammenhängt.
StartQuantity	Zahl der Marken, die eingehen müssen, damit die Aktivität startet. Minimum und Default-Wert ist 1. Ein Wert größer als 1 ist im Normalfall weder notwendig noch sinnvoll, da hierdurch sehr schwer zu durchschauende Zusammenhänge entstehen. Bei den Erläuterungen im Hauptteil dieses Buches wird immer davon ausgegangen, dass dieser Wert 1 ist.
CompletionQuantity	Zahl der Marken, die von der Aktivität bei ihrem Abschluss ausgeben werden. Minimum und Default-Wert ist 1. Auch dieser Wert sollte im Normalfall nicht geändert werden.

Nur für **Schleifen-Aktivitäten** stehen zusätzlich zu den allgemeinen Aktivitäten-Attributen die folgenden Attribute zur Verfügung:

LoopCondition	Solange diese Bedingung wahr ist, wird die Schleife (erneut) durchgeführt
LoopMaximum	Gibt an, wie oft die Schleife maximal durchlaufen wird
TestTime	Gibt an, ob die LoopCondition vor (Wert „Before") oder nach (Wert „After", Default) Durchführung der Aktivität überprüft wird. Wird die LoopCondition nach Durchführung der Aktivität geprüft, so wird diese auf jeden Fall einmal durchgeführt, auch wenn die LoopCondition schon zu Beginn nicht erfüllt ist.

Nur für **Mehrfach-Aktivitäten** stehen zusätzlich zu den allgemeinen Aktivitäten-Attributen die folgenden Attribute zur Verfügung:

MI_Condition	Enthält einen Ausdruck, der bestimmt, wie oft die Aktivität durchgeführt wird
MI_Ordering	Gibt an, ob die Aktivitäten für die einzelnen Elemente der bearbeiteten Liste nacheinander (Wert „Sequential", Default) oder parallel (Wert „Parallel") durchgeführt werden
MI_ FlowCondition	Nur für Mehrfach-Aktivitäten, die parallel ausgeführt werden (d. h. MI_Ordering hat den Wert „Parallel"). Die Bedingung gibt an, ob im Anschluss an die Mehrfachaktivitäten: a) alle Marken der parallel durchgeführten Aktivitäten weitergeleitet werden (Wert „None"), b) nur eine Marke weitergeleitet wird, und zwar sobald die erste parallele Aktivität beendet ist. Die Marken der anderen

	parallelen Aktivitäten werden nicht mehr weitergeleitet (Wert „One") c) Nur eine Marke weitergeleitet wird, und zwar sobald alle parallelen Aktivitäten abgeschlossen sind (Wert „All", Default). d) Marken gemäß einer komplexen Bedingung weitergeleitet werden (Wert „Complex"). Im Normalfall wird es nicht notwendig sein, den Default-Wert „All" zu ändern, zumal ansonsten schwer zu durchschauende Zusammenhänge entstehen. Bei den Erläuterungen im Hauptteil dieses Buches wird immer davon ausgegangen, dass dieser Wert „All" ist.
ComplexMI_ FlowCondition	Nur für Mehrfach-Aktivitäten, die parallel ausgeführt werden (d. h. MI_Ordering hat den Wert „Parallel"), und deren MI_FlowCondition den Wert „Complex" hat. Enthält die komplexe Bedingung. Wird im Normalfall nicht benötigt.

Nur für **Unterprozesse** stehen zusätzlich zu den allgemeinen Aktivitäten-Attributen die folgenden Attribute zur Verfügung. Eine Aktivität kann gleichzeitig ein Unterprozess und eine Schleife sein, bzw. gleichzeitig ein Unterprozess und eine Mehrfach-Aktivität. In diesem Fall stehen für die Aktivität sowohl die Unterprozess- als auch die Schleifen-Attribute (bzw. die Mehrfach-Aktivitäts-Attribute) zur Verfügung.

SubProcessType	Gibt an, ob es sich um einen eingebetteten (Wert „Embedded") oder einen wiederverwendbaren Unterprozess (Wert „Reusable"), oder aber eine Referenz (Wert „Reference") auf einen Prozess handelt (vgl. Abschnitt 7.2). Default ist „Embedded".
TransactionRef	Nur für Transaktionen. Enthält eine eindeutige Transaktions-Id, sowie Angaben über Protokoll und Methode zur Überwachung und Rückabwicklung der Transaktion.
AdHocOrdering	Nur für Ad-hoc-Unterprozesse (siehe Abschnitt 7.6). Gibt an, ob die Aktivitäten parallel durchgeführt werden können (Wert „Parallel", Default-Wert), oder ob sie nacheinander durchgeführt werden müssen (Wert „Sequential").
AdHocCompletion Condition	Nur für Ad-hoc-Unterprozesse (siehe Abschnitt 7.6). Bedingung, wann der Ad-hoc-Prozess abgeschlossen ist.
DiagramRef	Nur für wiederverwendbare Unterprozesse. Verweis auf das Business Process Diagram, das den referenzierten Prozess enthält.
ProcessRef	Nur für wiederverwendbare Unterprozesse. Verweis auf den referenzierten Prozess.
InputMaps	Nur für wiederverwendbare Unterprozesse. Mappings der Input-Datensätze von Unterprozess und referenziertem Prozess (oder Input-Artefakte).
OutputMaps	Nur für wiederverwendbare Unterprozesse. Mappings der Output-Datensätze von Unterprozess und referenziertem Prozess (oder Output-Artefakte).

SubProcessRef	Nur für Unterprozesse vom Typ „Referenz". Verweis auf den referenzierten Unterprozess.

Nur für **Tasks**, also nicht weiter untergliederte Aktivitäten, stehen zusätzlich zu den allgemeinen Aktivitäten-Attributen die folgenden Attribute zur Verfügung:

TaskType	Kann die Werte „Service", „Receive", „Send", „User", „Script", „Manual", „Reference", „None" annehmen (siehe Abschnitt 7.7). Default ist „None".
InMessageRef	Nur für Tasks vom Typ „Service" und „User". Nachricht, bei deren Eingehen der Task startet. Dieses Attribut wird insbesondere zur Identifikation der Nachricht benötigt, wenn der eingehende Nachrichtenfluss nicht im Diagramm gezeigt wird.
OutMessageRef	Nur für Tasks vom Typ „Service" und „User". Nachricht, die beim Abschluss des Tasks gestartet wird. Dieses Attribut wird insbesondere zur Identifikation der Nachricht benötigt, wenn der ausgehende Nachrichtenfluss nicht im Diagramm gezeigt wird.
MessageRef	Nur für Tasks vom Typ „Receive" und „Send". Nachricht, die vom Task empfangen bzw. gesendet wird. Dieses Attribut wird insbesondere zur Identifikation der Nachricht benötigt, wenn der eingehende Nachrichtenfluss nicht im Diagramm gezeigt wird.
Implementation	Nur für Tasks vom Typ „Service", „Receive", „Send" und „User". Gibt an, mit welcher Technologie der Service implementiert ist. Mögliche Werte: „Web Service" (Default), „Other", „Unspecified".
Script	Nur für Tasks vom Typ „Script". Enthält das von der Process Engine auszuführende Script.
TaskRef	Nur für Tasks vom Typ „Reference". Verweis auf den referenzierten Task.

C.5 Gateway

Id	Eindeutiger Identifizierer innerhalb eines Diagramms
Name	Bezeichnung
Documentation	Text zur näheren Beschreibung und Dokumentation
Categories	Optionale Zuordnung zu einer oder mehrerer Kategorien
Assignments	Zuordnungen von Formeln. Siehe das gleichnamige Attribut in Abschnitt C.2 „Prozess". Der durch die angegebene Formel berechnete Wert muss hierbei einem Property des Prozesses zugeordnet werden, da Ereignisse gemäß BPMN-Spezifikation selbst keine Properties haben.
IncomingCondition	Nur für komplexe Gateways mit mehr als einem eingehenden Sequenzfluss. Enthält die Bedingung zur Auswahl der Sequenzflüsse.
OutgoingCondition	Nur für komplexe Gateways mit mehr als einem ausgehenden Sequenzfluss. Enthält die Bedingung zur Auswahl der Sequenzflüsse.

C.6 Swimlane (Pool und Bahn)

Id	Eindeutiger Identifizierer innerhalb eines Diagramms
Name	Bezeichnung des Pools oder der Bahn
Documentation	Text zur näheren Beschreibung und Dokumentation
Categories	Optionale Zuordnung zu einer oder mehrerer Kategorien
MainPool	Nur für Pools. Gibt an, ob es sich um den im Zentrum der Betrachtung stehenden Haupt-Pool eines Diagramms handelt (Wert „True", ansonsten „False"). Nur ein Pool in einem Diagramm darf Haupt-Pool sein.

C.7 Artefakt

Id	Eindeutiger Identifizierer innerhalb eines Diagramms
Name	Nur für Datenobjekte. Bezeichnung des Datenobjekts.
Documentation	Text zur näheren Beschreibung und Dokumentation
Categories	Optionale Zuordnung zu einer oder mehrerer Kategorien
State	Nur für Datenobjekte. Zustand des Objektes. Dieser wird zumeist im Diagramm hinter dem Namen in eckigen Klammern dargestellt.
Properties	Nur für Datenobjekte. Benutzerdefinierte Attribute des Datenobjekts.
Text	Nur für Anmerkungen. Enthält den dargestellten Text.
CategoryRef	Nur für Gruppierungen. Eine Gruppierung kann eine bestimmte Kategorie präsentieren. Alle Elemente innerhalb der Gruppierung gehören dann automatisch dieser Kategorie an.

C.8 Sequenzfluss

Id	Eindeutiger Identifizierer innerhalb eines Diagramms
Name	Bezeichnung des Sequenzflusses
Documentation	Text zur näheren Beschreibung und Dokumentation
Categories	Optionale Zuordnung zu einer oder mehrerer Kategorien
Condition Expression	Nur für bedingte Sequenzflüsse sowie aus einem inklusiven oder exklusiven Gateway ausgehende Sequenzflüsse – sofern sie keine Default-Markierung tragen. Enthält die Bedingung, die erfüllt sein muss, damit eine Marke über den Sequenzfluss fließen kann.

C.9 Nachrichtenfluss

Id	Eindeutiger Identifizierer innerhalb eines Diagramms
Name	Bezeichnung des Nachrichtenflusses
Documentation	Text zur näheren Beschreibung und Dokumentation
Categories	Optionale Zuordnung zu einer oder mehrerer Kategorien
MessageRef	Die über den Nachrichtenfluss ausgetauschte Nachricht, die über ei-

	nen Namen sowie ggf. weitere, selbst definierte Attribute verfügt

C.10 Assoziation

Id	Eindeutiger Identifizierer innerhalb eines Diagramms
Name	Bezeichnung
Documentation	Text zur näheren Beschreibung und Dokumentation
Categories	Optionale Zuordnung zu einer oder mehrerer Kategorien

Index

Über den Autor

Thomas Allweyer studierte Ingenieurwissenschaften an der Universität Stuttgart und der Brunel University in London. Er promovierte am Institut für Wirtschaftsinformatik an der Universität des Saarlandes in Saarbrücken zum Thema „Adaptive Geschäftsprozesse“. Danach war er bei der IDS Scheer AG als Produktmanager im Bereich der ARIS-Modellierungswerkzeuge und als Berater tätig. Es folgte eine Tätigkeit als Prozessmanager bei der emaro AG, einem Joint Venture von Deutsche Bank und SAP. Seit 2001 ist er Professor für Unternehmensmodellierung an der Fachhochschule Kaiserslautern.

Thomas Allweyer ist Autor einer Reihe von Fachartikeln und des Lehrbuchs „Geschäftsprozessmanagement – Strategie, Entwurf, Implementierung, Controlling“, das in zahlreichen Hochschulen und Firmen als Grundlagenwerk verwendet wird.

Neben seiner Hochschultätigkeit ist er auch beratend tätig. Außerdem hält er regelmäßig Seminare und Schulungen für namhafte Firmen, u. a. zum Thema Geschäftsprozessmanagement und IT – und natürlich BPMN.

In seinem Weblog „Kurze Prozesse“ schreibt er regelmäßig über aktuelle Entwicklungen zum Thema Geschäftsprozessmanagement (*www.kurze-prozesse.de*).